Preces & Mensagens Espirituais

EME
EDITORA

Edição e distribuição:

EME EDITORA

Caixa Postal 1820 – CEP 13360-000 – Capivari-SP
Fone/fax: (0xx19) 3491-7000 / 3491-5603
E-mail: editoraeme@editoraeme.com.br
Site: www.editoraeme.com.br

Solicite nosso catálogo completo com mais de 300 títulos.

Não encontrando os livros da EME na livraria de sua preferência, solicite o endereço de nosso distribuidor mais próximo de você através do fone/fax ou e-mail acima.

Geziel Andrade

Preces & Mensagens Espirituais

Capivari-SP
—2003—

Preces & Mensagens Espirituais
Geziel Andrade

1ª edição: janeiro/2003 — 6.000 exemplares

Capa:
Arte-final: André Stenico
Ilustração: Rita Foelker

Revisão:
Hilda Fontoura Nami

Ficha Catalográfica

Andrade, Geziel
Preces & Mensagens Espirituais – Geziel Andrade, 1ª edição, janeiro/2003, Editora EME, Capivari-SP.
132 p.
1 – Preces e mensagens espirituais
2 – Comentários espíritas sobre a prece
CDD 133.9

Índice

Apresentação 07
1 – As Lições de Jesus sobre a Prece 09
2 – Prece de Gratidão a Jesus 17
3 – Prece de Gratidão a Deus 19
4 – As Qualidades da Prece 21
5 – Os Fundamentos da Prece 29
6 – Ensinamentos sobre a Prece contidos na "Revista Espírita" de Allan Kardec 41
7 – Prece de Gratidão a Allan Kardec 55
8 – Lições de Léon Denis sobre a Prece 59
9 – Lições dos Bons Espíritos sobre a Prece ... 67
10 – A Prece na Prática Mediúnica 81
11 – A Prece e o Passe 85
12 – A Prece, a Água Fluidificada e a Cura Espiritual 93
13 – A Prece na Avaliação da Medicina 99

14 – Frases Espíritas e Populares sobre a Prece . 105
15 – Oração da Sabedoria 115
16 – Oração pedindo Forças, Coragem e
　　　Sabedoria 117
17 – A Opção pela Prece 119
18 – Oração e Ação 123
19 – Sobre o Autor 131

Apresentação

É possível reunirmos num único livro todos os aspectos inerentes à prece?

Certamente não! Mas, preocupados em divulgar as qualidades, os fundamentos, os valores, os mecanismos, as utilidades, os poderes e os benefícios da prece, os diretores da Editora EME convidaram-me para elaborar um livro novo que reunisse numa antologia os conhecimentos espíritas e populares a respeito do assunto.

Além disso, informaram-me que o trabalho teria a finalidade de substituir os textos de um outro livro já existente e intitulado *"Preces & Mensagens*

Espirituais – Antologia Espírita e Popular", cuja primeira edição ocorreu em maio de 1995.

Graças ao espírito religioso que sempre cultivei, apoiado na fé e na prece a Deus, não pude recusar tão honroso convite.

Assim, pus mãos-a-obra com a preocupação de elaborar um texto de leitura muito fácil e agradável, procurando atingir os leitores de todos os níveis culturais e de todas as classes sociais. Porém, ciente da responsabilidade que estava assumindo, tomei a precaução de recorrer à extensa bibliografia espírita e popular, citada em cada capítulo. Assim, garanti que as lições, as mensagens espirituais e as preces estivessem sempre bem fundamentadas na Doutrina Espírita e nas crenças populares.

Dessa forma, prezado leitor, surgiu o presente livro que está agora em suas mãos. Espero que com os esforços empreendidos tenha realmente conseguido retratar bem todo o contexto e toda a importância da prece.

Vinhedo, 1 de março de 2002
Geziel de Andrade

1 – As Lições de Jesus Sobre a Prece

Qual das virtudes é a mais importante?

Essa pergunta, aparentemente simples, nos põe a refletir muito. São tantas as virtudes e cada uma delas com características tão diferentes e com utilidades tão diversas, que se torna quase impossível definirmos com precisão qual delas é a melhor.

Senão vejamos: num determinado momento, o amor torna-se a virtude mais importante para estabelecermos a solidariedade, os atos carinhosos e a ajuda fraterna. Noutro momento, o perdão torna-se indispensável para evitarmos sérias complicações na vida, principalmente quando suportamos acontecimentos muito constrangedores promovidos por pessoas más e inescrupulosas. Noutro instante, a humildade torna-se o instrumento que precisamos para melhorar a nossa convivência e o nosso relacionamento no lar, no ambiente de trabalho e na vida social. Noutro, a paciência nos oferece a força íntima que necessitamos para atingir um objetivo importante, mas que só pode ser concretizado a longo prazo.

Mas, quando se trata de abordar as virtudes, nossa consciência invoca naturalmente as lições deixadas por Jesus. E neste estudo em que vamos tratar especificamente da prece, não podemos deixar de, já de início, rememorar todos os ensinamentos de Jesus a respeito do assunto.

Jesus e a Prece

Jesus foi o mensageiro de Deus que nos dilatou o entendimento das verdades espirituais. Sua sabedoria foi demonstrada não só nas formas de falar, mas principalmente nos modos de exemplificar e de colocar ao alcance de todos os fundamentos do Cristianismo, que é "a Religião do Amor".

Jesus soube realçar com uma mestria inigualável a importância de praticarmos todas as virtudes para conquistarmos as bem-aventuranças na Terra e no Reino dos Céus. Mas, especificamente com relação à virtude da prece, Jesus revolucionou os conceitos até então vigentes, ao nos ensinar que devemos:

· Orar também pelos que nos perseguem e caluniam (Mateus, Cap. 5. V. 44; e Lucas, Cap. 6, V. 28);

· Orar diferentemente das formas que os hipócritas gostavam de rezar: em pé nas sinagogas e nos cantos das ruas para serem vistos pelos homens, sem perceberem que já tinham recebido a sua recompensa (Mateus, Cap. 6, V. 5);

· Orar a Deus em secreto, com a porta do aposento fechada, porque o Pai vê o que se passa em oculto e sabe recompensar o ato de discrição (Mateus, Cap. 6, V. 6);

· Orar usando poucas palavras, diferentemente dos Gentios que julgavam ser ouvidos por falarem muito (Mateus, Cap. 6, V. 7);

· Orar sem detalhar as necessidades, porque o Pai sabe o que necessitamos antes que Lhe peçamos algo (Mateus Cap. 6, V. 8);

· Orar o "Pai Nosso" ensinado a seus discípulos (Mateus, Cap. 6, V. 9 a 13; e Lucas, Cap. 11, V. 1 a

4);

· Orar sem ter receio de pedir, porque "o que pede, recebe, e o que busca, acha, e ao que bate, abrir-se-á, e porque o Pai sabe dar boas dádivas a Seus filhos e conceder os benefícios que Lhe são pedidos (Mateus, Cap. 7, V. 7 a 11; e Lucas, Cap. 11, V. 9 a 13);

· Orar com fé para conseguir o que for pedido (Mateus, Cap. 21, V. 22);

· Orar acreditando que vamos obter ou conseguir o que pedirmos (Marcos, Cap. 11, V. 24);

· Orar sempre, sem nunca o deixar de fazer (Lucas, Cap. 18, V. 1 a 8);

· Orar com humildade, comportando-se de modo diferente do Fariseu que orava em pé, jejuava e pagava o dízimo, mas julgava-se superior aos demais homens, que supunha ladrões, injustos e adúlteros. O ato de orar deve se assemelhar ao do Publicano que não levantava os olhos aos Céus e se julgava um pecador. Este voltou justificado para a sua casa, por ser humilde, e o outro não (Lucas, Cap. 18, V. 9 a 14);

· Orar sem nada ter no coração contra o nosso irmão. Por isso, antes da oração, devemos perdoar, se temos algo contra alguém, para que Deus também perdoe os nossos pecados (Marcos, Cap. 11, V. 25 e 26);

· Orar num templo que seja Casa de Oração e não num que se assemelhe a um "covil de ladrões, transformado nisso por vendilhões do templo" (Lucas Cap. 19, V. 45 a 47);
· Orar mantendo a vigilância incessante, para evitar muitos males (Lucas, Cap. 21, V. 36);
· Orar prevenindo-nos das tentações (Lucas, Cap. 22, V. 40 a 46).

Os Exemplos de Jesus sobre a Oração

Jesus não só ensinou, mas fez questão de deixar exemplos. E, especificamente com relação à prece, constatamos no Evangelho o quanto Jesus orava, a saber:

"E logo que despediu o povo, subiu a um monte a orar sozinho". (Mateus, Cap. 14, V. 23).

"E depois que os despediu, retirou-se a um monte, para fazer oração". (Marcos, Cap. 6, V. 46).

"E naqueles dias, aconteceu que saiu ao monte,

a orar, e passou toda a noite em oração a Deus". (Lucas, Cap. 6. V. 12).

"E aconteceu que estando a orar em certo lugar, quando acabou, disse-lhe um dos seus discípulos: Senhor, ensina-nos a orar, assim como também João ensinou aos seus discípulos. E Jesus lhes disse: Quando orardes, dizei: Pai, santificado seja o teu nome; venha a nós o teu Reino; o pão nosso de cada dia nos dá hoje; e perdoa-nos os nossos pecados, pois que também perdoamos a todo o que nos deve; e não nos deixa cair em tentação". (Lucas, Cap. 11, V. 1 a 4).

"Tomou Jesus consigo a Pedro, a Tiago e a João, e subiu a um monte para orar. E enquanto orava, pareceu todo outro o seu rosto, e fez-se o seu vestido alvo e brilhante. E eis que falavam com ele dois varões: Moisés e Elias, que apareceram cheios de majestade. E falavam da sua saída deste mundo, a se cumprir em Jerusalém". (Lucas, Cap. 9, V. 28 a 36).

"Por que o não podemos nós expulsar? E ele lhes disse: Esta casta de demônios não se pode expulsar, senão à força de oração e de jejum". (Marcos, 9, V. 28).

"Assentai-vos aqui, enquanto eu vou acolá a fazer oração. (...) E adiantando-se uns poucos passos, prostrou-se com o rosto em terra, fazendo oração e dizendo: Meu Pai! se é possível, passa de mim este cálice; todavia, não se faça como eu quero, mas sim como Tu o queres". (Mateus, Cap. 26, V. 36 a 39; e Marcos, Cap. 14, V. 32 a 42).

"Jesus porém dizia: Pai, perdoa-lhes, porque não sabem o que fazem"(Lucas, Cap. 23, V. 34).

"E Jesus, exclamando em alta voz, disse: Pai, nas tuas mãos encomendo o meu espírito. E dizendo isto, expirou". (Lucas, Cap. 23, V. 46).

MENSAGEM ESPIRITUAL: O Espiritismo nos ensina a ter Jesus como guia e modelo para os nossos atos. Que saibamos, nesse campo da prece, pôr sempre em prática esses valiosos ensinamentos e exemplos de Jesus. Assim, não cometeremos falhas no ato de orar e desfrutaremos de todos os benefícios da prece a Deus.

BIBLIOGRAFIA
SANTO EVANGELHO DE NOSSO SENHOR JESUS CRISTO. Versão de D. Vicente Zioni, Bispo Auxiliar de São Paulo. Edições Paulinas. Edição de Julho de 1960.

2 – *Prece de Gratidão a Jesus*

Divino Mestre Jesus,
Obrigado pelas luzes morais e espirituais,
Que o Senhor trouxe ao mundo um dia.
Elas brilham como o sol na minha vida,
Conduzindo-me com mais segurança pelos caminhos do Bem.

Obrigado Jesus, pelos seus exemplos de amor,
Sabedoria, humildade, bondade, caridade e perdão.
Eles me inspiram a praticar,
Essas mesmas virtudes que o Senhor exemplificou,
Principalmente ante as provas mais difíceis da vida.
Obrigado Senhor, pela prece do Pai Nosso,

E por ter me ensinado
Que a verdadeira forma de glorificar a Deus
É através das boas obras.

Obrigado Mestre, por suas lições verdadeiras,
Que me levam a aceitar a Vontade e os Desígnios do Pai Eterno,
Mas, também, que me fazem agir sempre com vigilância e prudência,
Evitando cair voluntariamente em muitos males e tentações.

Obrigado Jesus, pelas lições de perseverança e coragem,
Que me levam ao progresso;
E também pelas de fortalecimento íntimo,
Que me fazem agir com grandeza espiritual,
Mantendo a consciência em paz e a felicidade na alma.

Obrigado Senhor,
Pelo seu Evangelho, que é a bússola que me leva
À "porta estreita" da salvação espiritual.

Por tudo isso, Mestre Amado,
Receba meu espírito de profunda gratidão!

3 – Prece de Gratidão a Deus

Meu Pai Eterno,
Senhor do Céu e da Terra,

Pelo pouco que eu já conheço,
De Sua maravilhosa Obra da Criação,
Quero agradecer:

Pelos pais maravilhosos e pelo lar bem estruturado que me acolheram e me ampararam na Terra;
Pela alimentação que nunca me faltou;
Pela saúde que me beneficia;
Pelos professores e pelos entes queridos valiosos que participaram valorosamente em minha formação intelectual e moral e em meu processo educativo;
Pelos amigos leais que sempre me auxiliaram,

principalmente nas horas mais difíceis;

Pelas maravilhas da Natureza que não canso de contemplar, admirar e me beneficiar;

Pelos bons Espíritos que me protegem, me inspiram boas idéias e me orientam pelo pensamento para ter sucesso na vida;

Pelas faculdades extraordinárias da alma que estão a minha disposição para usá-las e aprimorá-las em meu próprio favor;

Pelas conquistas materiais e espirituais que decorreram do aproveitamento das valiosas oportunidades que o Senhor me ofereceu;

E pelas virtudes sublimes, que retratam os Seus Atributos divinos, as quais preciso praticar para aproximar-me cada vez mais do Senhor.

Obrigado Pai Eterno, por tantas bênçãos materiais e espirituais recebidas. Que eu saiba ter sempre a confiança no Senhor e a gratidão no coração para que eu valorize e não esmoreça ante as dificuldades, lutas, sacrifícios e oportunidades que me fazem evoluir e entender cada vez mais a Sua grandeza. Que assim seja!

4 - As Qualidades da Prece

Allan Kardec, em seus diálogos com os Espíritos superiores, através de diferentes médiuns, desvendou as qualidades que devemos dar às preces para que elas sejam eficazes.

Os ensinamentos obtidos por Allan Kardec foram reunidos em "O Livro dos Espíritos, Terceira Parte: As Leis Morais, Capítulo I: Lei de Adoração", e encontram-se abaixo resumidos:

· A PRECE DE ADORAÇÃO A DEUS: A elevação do pensamento a Deus, através da prece, constitui-se num ato de adoração ao Criador de todas as coisas. (Questão 649).
· A PARTICIPAÇÃO DA ALMA NA PRECE: A prece verdadeira é a que é feita do fundo do coração,

com sinceridade. (Questão 653).

· A PRECE DEVE ESTAR ALIADA ÀS BOAS OBRAS: Além de orar, devemos praticar o bem e evitar o mal. (Questão 654).

· A REVELAÇÃO DAS BOAS INTENÇÕES ATRAVÉS DA PRECE: A prece mais agradável a Deus é a que revela as boas intenções que guardamos na alma. (Questão 658).

· A PRECE A DEUS NÃO DEVE SER LIDA: A prece lida não substitui a prece feita de coração, por mais bela que aquela seja. (Questão 658).

· OS INGREDIENTES INDISPENSÁVEIS À PRECE DE BOA QUALIDADE: A prece deve ser proferida com fé, fervor e sinceridade. (Questão 658).

· A HUMILDADE E O ARREPENDIMENTO NO MOMENTO DA PRECE: A prece que toca a Deus é a feita pela pessoa humilde, que se arrepende sinceramente dos erros cometidos. (Questão 658).

· A PRECE SERVE DE MEIO DE COMUNICAÇÃO COM DEUS: A prece aproxima o homem de Deus pela comunicação que estabelece. (Questão 659).

· AS FINALIDADES DA PRECE: A prece tem três finalidades: louvar, pedir e agradecer. (Questão 659).

· OS BENEFÍCIOS DA PRECE: A prece feita com fervor e confiança torna o homem melhor, porque ele se fortalece contra as tentações do mal e Deus lhe envia os bons Espíritos para o assistir. (Questão 660).

· A SINCERIDADE NA PRECE ATRAI O SOCORRO ESPIRITUAL: Uma prece de pedido de socorro, quando feita com sinceridade, jamais fica sem resposta. (Questão 660).

· OS MÉRITOS VERDADEIROS DE QUEM ORA: O importante não é orar muito, pois o mérito não está na extensão da prece; está sim na sinceridade contida na prece e na sua boa qualidade. O mérito de quem ora encontra-se ainda na análise que faz de si mesmo visando combater às próprias imperfeições morais. (Questão 660^A).

· NÃO ADIANTA PEDIR PERDÃO SEM A MELHORA ÍNTIMA: Uma prece de pedido de perdão a Deus por uma falta cometida só é atendida se a pessoa realmente melhorou a sua conduta. (Questão 661).

· AS BOAS AÇÕES VALORIZAM A PRECE: A melhor prece é a daquele que pratica as boas ações: os bons atos valem muito mais do que as palavras. (Questão 661).

· OS BONS ESPÍRITOS ALIAM-SE A QUEM ORA E PRATICA O BEM: A prece feita por aquele que pratica o bem atrai a presença dos bons Espíritos que se associam a ele na prática do bem. (Questão

662).

· O PODER DA PRECE DEPENDE DA FORÇA DO PENSAMENTO E DA VONTADE: O poder da prece está na força do pensamento e da vontade, que a levam além dos limites da esfera material. (Questão 662).

· OS BENFEITORES ESPIRITUAIS AGEM EM FAVOR DE QUEM ORA COM QUALIDADE: A ação dos bons Espíritos geralmente dá-se através da sugestão de bons pensamentos e do fortalecimento do corpo e da alma. (Questão 662).

· AS PRECES ATRAEM AJUDA DOS BONS ESPÍRITOS PARA VENCERMOS AS PROVAS DA VIDA: As preces que fazemos em nosso próprio benefício não afastam as provas da vida, mas elas atraem a simpatia dos bons Espíritos que nos ajudam a suportar essas provas com coragem, fazendo-as parecer menos duras. (Questão 663).

· A PRECE TEM LIMITE EM SEU PODER: Uma prece não tem o poder de mudar a ordem da Natureza, pois esta não está ao sabor de cada um. (Questão 663).

· A OBTENÇÃO DE FORÇA ÍNTIMA É O RESULTADO IMEDIATO DA PRECE: Toda prece, por si só, já produz um grande resultado: ampliar a força íntima de quem ora. (Questão 663).

· OS RESULTADOS DA PRECE SURGEM MAIS

RAPIDAMENTE QUANDO AJUDAMOS A NÓS MESMOS: Uma prece não isenta a pessoa de praticar o "ajuda-te a ti mesmo e o céu te ajudará". (Questão 663).

· A PRECE NÃO DISPENSA A PRUDÊNCIA, A VIGILÂNCIA E A PREVIDÊNCIA: Uma prece não afasta da pessoa que ora as conseqüências das faltas cometidas por imprudência e invigilância, nem os males decorrentes dos atos de imprevidência praticados. (Questão 663).

· AS PRECES JUSTAS SÃO MAIS OUVIDAS DO QUE IMAGINAMOS: Os pedidos justos, feitos através da prece, em geral, são mais escutados do que os homem podem avaliar. (Questão 663).

· DEUS NÃO DERROGA AS SUAS LEIS: Deus atende as preces por meios tão naturais, que os benefícios parecem aos homens o efeito do acaso ou da força das circunstâncias. (Questão 663).

· DEUS AJUDA DE FORMA OCULTA QUEM ORA: Deus, muito freqüentemente, atende um pedido de socorro suscitando ao homem o pensamento necessário para que ele próprio saia do embaraço em que se encontra. (Questão 663).

· A PRECE NÃO TEM PODER ILIMITADO: Uma prece não tem o poder de mudar a Vontade ou os Desígnios de Deus. (Questão 664).

· AS PRECES PODEM BENEFICIAR OS

ESPÍRITOS SOFREDORES: As preces feitas em benefício dos Espíritos sofredores levam a eles o alívio e a consolação. Eles sabem que almas caridosas estão compartilhando de suas dores e se reanimam para a própria regeneração. Além disso, as preces despertam neles o arrependimento pelos erros cometidos e o desejo de fazerem o bem para a reconquista da felicidade. (Questão 664).

· OS BONS ESPÍRITOS AJUDAM OS ESPÍRITOS SOFREDORES QUE BUSCAM A PRÓPRIA REGENERAÇÃO: As preces que fazemos pelos Espíritos sofredores que desejam melhorar a situação difícil em que se encontram atraem para eles a ajuda de Espíritos melhores que procuram esclarecê-los, consolá-los e despertar-lhes a esperança. (Questão 664).

· OS ESPÍRITOS SOFREDORES PRECISAM DO ARREPENDIMENTO PARA OBTEREM A AJUDA DOS BONS ESPÍRITOS: As preces levam alívio e consolação para os Espíritos sofredores, mas o socorro efetivo por parte dos bons Espíritos depende deles revelarem arrependimento pelos erros cometidos. (Questão 665).

· OS BONS ESPÍRITOS QUE ATENDEM AS PRECES TÊM PODERES COMPATÍVEIS COM OS SEUS GRAUS DE EVOLUÇÃO ESPIRITUAL: Os bons Espíritos que atendem as preces são mensageiros de Deus e executores de Seus Desígnios; mas o poder de cada um deles depende do seu grau de superioridade espiritual. (Questão 666).

· OS BONS ESPÍRITOS SÓ AGEM COM A PERMISSÃO DE DEUS: Os bons Espíritos nada fazem sem a permissão de Deus. Assim, as preces dirigidas a eles só são atendidas se as intenções forem agradáveis a Deus. (Questão 666).

· A PRECE DISPENSA OFERENDAS A DEUS: Uma prece feita do fundo do coração é cem vezes mais agradável a Deus do que qualquer oferenda que Lhe podemos fazer. (Questão 672).

· DEUS RECOMPENSA QUEM PRATICA AS BOAS OBRAS: Os maiores beneficiados por Deus são os que praticam o bem e amparam os pobres e os aflitos. (Questão 673).

· DEUS NÃO APROVA AS PRECES ACOMPANHADAS DE OFERENDAS E DE CERIMÔNIAS EM QUE O DINHEIRO É EMPREGADO SEM UMA BOA CAUSA: Deus valoriza as intenções que visam praticar o bem e amparar os necessitados como meio de homenageá-Lo. Assim, não merecem a aprovação de Deus, as preces acompanhadas de oferendas, cerimônias religiosas e atos exteriores em que o dinheiro não é empregado com aquelas boas finalidades. (Questão 673).

MENSAGEM ESPIRITUAL: Com **"O Livro dos Espíritos"**, de Allan Kardec, nós descobrimos quantos requisitos importantes são necessários para que as nossas preces tenham a qualidade necessária para que sejam ouvidas e atendidas por Deus e pelos bons Espíritos.

Além disso, percebemos facilmente que não basta orar por orar. Somente as preces endereçadas aos Céus e acompanhadas de méritos pelas boas obras praticadas, merecem maior consideração.

Assim, cuidando de dar às nossas preces as qualidades acima mencionadas, e persistindo na prática do Bem, sem pedir privilégios nem derrogação de Leis, com certeza, seremos dignos das bênçãos que promanam de Deus e de Seus Mensageiros.

BIBLIOGRAFIA

KARDEC, Allan. *O Livro dos Espíritos*. Livro Segundo, Capítulo IX: Intervenção dos Espíritos no mundo Corpóreo. Livro Segundo, Capítulo X: Ocupações e Missões dos Espíritos. Livro Terceiro, Capítulo II: Lei de Adoração.

5 – Os Fundamentos da Prece

Allan Kardec, com maestria, detalhou os fundamentos da prece nos Capítulos XXV: Buscai e Achareis; XXVI: Dar de Graça o que de Graça Receber; XXVII: Pedi e Obtereis; e XXVIII: Coletânea de Preces Espíritas, de **"O Evangelho Segundo o Espiritismo"**.

Com esses Capítulos muito bem elaborados, Allan Kardec nos ensinou que as nossas preces devem estar fundamentadas nos seguintes pontos:

· O QUE PEDIR: Podemos pedir, através da prece, a luz para clarear o nosso caminho; a força para resistirmos ao mal; e a assistência, a ajuda e os conselhos dos bons Espíritos.

· COMO A NOSSA PRECE DEVE SER FEITA: A

nossa prece deve ser feita com sinceridade, fé, fervor e confiança. Além disso, sem a virtude da humildade, a nossa prece não será atendida.

· NADA PAGAR PELAS PRECES: As preces pagas, feitas por intermediários que cobram, não têm valor algum, porque o coração não participa delas.

· AS PRECES PAGAS TÊM INCONVENIENTES: As preces pagas têm como inconvenientes nos dispensar da obrigação de orar, por termos efetuado o pagamento, e quem vai orar não estar envolvido com sentimentos.

· AS CONCESSÕES DE DEUS SÃO GRATUITAS: Os benefícios que recebemos de Deus, decorrentes de Sua clemência, bondade, justiça e misericórdia, são concessões e não produtos que podem ser comprados de supostos representantes terrenos.

· É UM ERRO USAR INTERMEDIÁRIOS PARA OBTER AS BÊNÇÃOS DO CÉU: Deus não vende as Suas bênçãos, nem o Seu perdão e nem a entrada de uma alma no Reino dos Céus. Assim, nenhum homem tem o direito de ser intermediário na obtenção das coisas santas, sob qualquer forma que seja.

· A FACULDADE MEDIÚNICA NÃO PODE SER VENDIDA: Os médiuns são os intérpretes dos Espíritos para instruírem os homens, para lhes ensinarem o caminho do bem e para levá-los à fé. Assim, não podem cobrar pelas preces e nem pela prática da mediunidade. Cobrando, eles excluem os que não podem pagar daqueles benefícios espirituais. Além disso desvirtuam a finalidade providencial da faculdade mediúnica.

· OS BONS ESPÍRITOS ALIAM-SE APENAS AOS BONS MÉDIUNS: Os Espíritos bons e superiores não se subordinam aos interesses dos médiuns pagos, profissionais, interesseiros e egoístas. Eles prestam o seu concurso e se aliam somente aos que possuem humildade, devotamento, abnegação e completo desinteresse moral e material.

· AS INTENÇÕES NA PRECE VALEM MAIS DO QUE AS PALAVRAS: Deus avalia as nossas preces pelas nossas intenções e não pelo número de palavras que empregamos. As nossas orações serão atendidas em função da sinceridade e não das palavras empregadas.

· A PRECE TEM AÇÃO SOBRE OS ESPÍRITOS: Os Espíritos são tocados pelo fervor do pensamento e pelo interesse sincero dos que oram por eles.

· PODEMOS PRATICAR A CARIDADE ATRAVÉS DA PRECE: Quando oramos com o coração em benefício dos semelhantes, praticamos um ato de caridade.

· A PRECE DEVE SER FEITA SEM OSTENTAÇÃO:

Devemos orar sem jamais nos colocarmos em evidência perante os homens.

· **DEVEMOS PERDOAR ANTES DE REALIZARMOS UMA PRECE:** Antes de orarmos, devemos avaliar se não temos nada contra alguém. Se tivermos, devemos antes perdoar as faltas cometidas contra nós para que não nos apresentemos perante Deus com o coração manchado por um ato contrário à caridade.

· **A HUMILDADE VALORIZA A PRECE:** Devemos orar com humildade, examinando os nossos defeitos e não ressaltando as nossas qualidades.

· **DEUS NÃO DERROGA A IMUTABILIDADE DE SUAS LEIS:** Deus tem o poder de atender os pedidos nossos e realizar as Suas Vontades sem derrogar a imutabilidade das Suas Leis.

· **DEUS É ONISCIENTE:** Deus sabe melhor do que nós o que precisamos e o que nos convêm.

· **DEUS É UM PAI PRUDENTE:** Deus procede conosco à semelhança de um pai prudente que recusa a um filho o que lhe é prejudicial.

· **DEUS VÊ OS BENEFÍCIOS FUTUROS DAS PROVAS E DOS SOFRIMENTOS:** Deus não evita uma prova ou mesmo um sofrimento que vai ser útil para o nosso progresso e para a nossa felicidade futura.

DEUS ATENDE OS NOSSOS PEDIDOS DE PACIÊNCIA E DE RESIGNAÇÃO: Deus sempre nos concede a paciência e a resignação, quando as pedirmos com confiança.

· DEUS QUER QUE TENHAMOS O PRÓPRIO MÉRITO: Deus nos concede sempre os meios para nos livrarmos das dificuldades, inclusive permitindo que os bons Espíritos nos sugiram boas idéias; mas nos deixa sempre o mérito da ação e da conquista.

· DEUS SOCORRE QUEM AJUDA A SI MESMO REALIZANDO ESFORÇOS PRÓPRIOS: Deus nos socorre quando ajudamos a nós mesmos e procuramos usar as próprias faculdades para superar os nossos problemas.

· DEUS TESTA A NOSSA CONFIANÇA E SUBMISSÃO: Deus não afasta de nós certas provas que testam a nossa confiança e submissão à Sua Vontade.

· A PRECE É UMA EMISSÃO MENTAL QUE ATINGE O SEU DESTINO: A prece tem o poder de nos colocar em relação mental com quem dirigimos os nossos pensamentos.

· A PRECE TEM TRÊS FINALIDADES: Com a prece, podemos fazer um pedido, um agradecimento ou um louvor.

· A PRECE PODE BENEFICIAR A NÓS MESMOS, OS SEMELHANTES E OS ESPÍRITOS: Nós podemos orar por nós mesmos ou pelos outros, pelos vivos ou pelos mortos.

· OS BONS ESPÍRITOS ATUAM COMO OUVIDORES DAS PRECES: As preces que dirigimos a Deus são ouvidas pelos Espíritos encarregados da execução dos Seus Desígnios.

· DEUS TEM A ONISCIÊNCIA: As preces que dirigimos aos bons Espíritos são também ouvidas por Deus.

· OS BONS ESPÍRITOS ATUAM COMO INTERCESSORES NAS PRECES A ELES DIRIGIDAS: Quando oramos para Espíritos, e não para Deus, eles servem de intercessores, pois nada podem fazer sem a permissão e a Vontade de Deus.

· A PRECE SE PROPAGA ATRAVÉS DO FLUIDO UNIVERSAL: Quando oramos, o nosso pensamento é transmitido através do fluido universal em que estamos mergulhados.

· O ALCANCE DA PRECE DEPENDE DA VONTADE E DO PENSAMENTO: A nossa vontade impulsiona o fluido universal, que leva, sem restrições, o nosso pensamento a quem oramos, à semelhança do ar que serve de veículo para a condução de um som emitido. A força da nossa vontade e do nosso pensamento determinam o alcance da nossa prece.

· A PRECE ORIGINA UMA CORRENTE

FLUÍDICA: Quando dirigimos o nosso pensamento em prece a algum Espírito encarnado ou desencarnado, uma corrente fluídica se estabelece transmitindo o nosso pensamento a ele.

· OS BONS ESPÍRITOS DESEMPENHAM PAPÉIS IMPORTANTES NO ATENDIMENTO DAS PRECES: Os bons Espíritos, atraídos pelas nossas preces, sustentam-nos nas boas resoluções e inspiram-nos bons pensamentos. Assim, adquirimos a força moral necessária para vencermos as dificuldades, resistirmos às tentações e voltarmos para o caminho do bem, se dele estamos afastados. Além disso, os bons Espíritos nos dão inspirações salutares e fortalecem as nossas forças íntimas para resistirmos aos maus pensamentos. Assim, eles orientam o uso que fazemos do livre-arbítrio, mas sem contrariarem os Desígnios de Deus e suspenderem o curso das leis naturais. Dessa forma, mantemos a responsabilidade pelos atos e adquirimos o mérito pela escolha do bem e não do mal.

· AS PRECES NÃO ANULAM AS CONSEQÜÊNCIAS DAS FALTAS COMETIDAS: As nossas preces não nos livram dos males decorrentes da falta de cuidado, dos excessos, dos vícios, das infrações às leis de Deus e das aflições que caímos por falta de sabedoria e prudência.

· A ABSTINÊNCIA À PRECE CAUSA PREJUÍZOS:

Quando deixamos de recorrer à prece, ignoramos a bondade de Deus, rejeitamos a Sua assistência e deixamos de oferecer aos semelhantes o bem que uma oração pode lhes fazer.

· DEUS RECOMPENSA A PRECE VIRTUOSA: Deus sabe recompensar a nossa prece, quando a fazemos com boa intenção, devotamento e fé.

· O PODER DA PRECE NÃO ESTÁ NAS PALAVRAS, NO LOCAL OU NUMA DETERMINADA HORA: O poder da nossa prece está no pensamento e não nas palavras que empregamos, no lugar em que nos encontramos e no momento em que a fazemos. Assim, nós podemos orar com recolhimento em qualquer lugar e a qualquer hora, a sós ou em conjunto.

· A PRECE COLETIVA TEM MAIOR PODER: Quando rezamos em conjunto com outras pessoas, numa mesma associação de coração e de pensamentos e com uma mesma finalidade, a prece se torna mais poderosa.

· AS PALAVRAS EMPREGADAS NA PRECE DEVEM SER BEM CONHECIDAS PARA TOCAREM OS SENTIMENTOS: A nossa prece só toca o coração quando compreendemos perfeitamente a idéia e o significado de cada palavra empregada.

· DEUS NÃO SE PRENDE ÀS FORMAS E ÀS APARÊNCIAS, POIS CONHECE O INTERIOR DE

CADA ALMA QUE ORA: De nada adianta orarmos apenas por dever ou por costume. As preces repetidas numa ordem e num determinado número de vezes não alcançam resultado. Deus não se prende à forma, porque lê no íntimo do coração e perscruta o pensamento e a sinceridade de quem ora.

· A PRECE PODE BENEFICIAR OS ESPÍRITOS SOFREDORES: Nós podemos rezar pelos Espíritos sofredores, cumprindo a lei de amor e caridade. Assim, fazemo-los sentir menos abandonados e infelizes. Além disso, eles sentem-se aliviados e com coragem de buscarem o arrependimento, a reparação do mal praticado e a prática do bem.

· A PRECE MATINAL É IMPORTANTE: É importante fazermos uma prece ao acordar demonstrando humildade, esperança e amor. Nessa prece, devemos: demonstrar reconhecimento pelos benefícios já recebidos; agradecer a noite transcorrida; suplicar a Deus o Seu amparo às nossas fraquezas, além da Sua indulgência e misericórdia; pedir aquilo que realmente necessitamos, mas principalmente paciência, resignação, fé e melhoria moral.

· A ONIPRESENÇA DE DEUS PERMITE QUE OREMOS A QUALQUER MOMENTO: Podemos rezar em todos os instantes, sem interromper os nossos afazeres diários, porque Deus pode receber os nossos pensamentos a qualquer momento.

· AS NOSSAS PRECES DEVEM RETRATAR AS NOSSAS CONVICÇÕES E PREFERÊNCIAS PESSOAIS: Devemos fazer as nossas preces de acordo com as nossas convicções e maneiras que mais nos agradam: um bom pensamento vale mais do que as numerosas palavras que não tocam o coração.

· AS PRECES ELABORADAS PELOS OUTROS SERVEM APENAS COMO FÓRMULAS OU MODELOS: Não existem fórmulas absolutas para as preces. Assim, as preces que encontramos feitas servem apenas de modelo para orientar as nossas idéias e nos mostrar as diversas maneiras de formularmos os pensamentos que elevamos a Deus.

· AS NOSSAS PRECES DEVEM PRIMAR PELA QUALIDADE: As principais qualidades da prece são a clareza, a simplicidade e a concisão.

· AS PRECES PODEM SER DIVIDIDAS EM CATEGORIAS: As preces podem ser divididas em cinco categorias: gerais, pessoais, pelos outros, pelos Espíritos e pelos doentes e obsidiados, conforme modelos apresentados por Allan Kardec no último Capítulo de **"O Evangelho Segundo o Espiritismo"**.

· A PRECE ENSINADA POR JESUS ATENDE A TODAS AS EXIGÊNCIAS DE QUALIDADE: A prece ensinada por Jesus, em Mateus, Capítulo VI,

Versículos de 9 a 13, é um modelo de concisão, sublimidade e simplicidade. Ela pode substituir todas as outras preces, porque resume os nossos deveres para com Deus, para conosco mesmo e para com o nosso próximo, além de expressar fé e submissão a Deus.

· A PRECE NOTURNA É IMPORTANTE: Devemos, cada noite, elevar o pensamento a Deus para agradecer os favores recebidos e demonstrar gratidão pelos acontecimentos importantes no dia, pelas boas idéias que tivemos e pelas inspirações felizes que recebemos dos bons Espíritos.

MENSAGEM ESPIRITUAL: Ao proferirmos as nossas preces, devemos estar atentos a esses fundamentos muito amplos revelados por Allan Kardec e pelos Espíritos Superiores.

Assim, desfrutaremos dos maravilhosos benefícios da prece, principalmente se tivermos a nosso favor o mérito das boas obras e poderemos beneficiar também os semelhantes e os Espíritos.

BIBLIOGRAFIA
KARDEC, Allan. O Evangelho Segundo o Espiritismo. Capítulos XXV a XXVIII. Editora EME.

6 – Ensinamentos sobre a Prece contidos na "Revista Espírita" de Allan Kardec

Allan Kardec, em diversos números da "Revista Espírita", elaborada por ele mensalmente no período de janeiro de 1858 a março de 1869, publicou muitos ensinamentos importantes sobre a prece.

Visando ampliar os nossos conhecimentos acerca dos melhores procedimentos a serem adotados perante a oração, procedemos a compilação, abaixo apresentada, dos ensinamentos publicados naquela Revista:

· A PRECE É UM PENSAMENTO BENÉVOLO E AGRADÁVEL PARA OS ESPÍRITOS A QUEM

ORAMOS: A prece é um pensamento, um laço que nos liga aos Espíritos a quem oramos. É um apelo ou uma verdadeira evocação. Sendo a prece eficaz ou não, é sempre um pensamento benévolo, agradável àqueles a quem a dirigimos. (Revista Espírita –R.E., dezembro de 1859, Artigo: Efeitos da Prece, Edicel, p. 357).

· A PRECE TEM O PODER DE ABREVIAR OS SOFRIMENTOS DOS ESPÍRITOS: A prece pode abreviar os sofrimentos dos Espíritos. As próprias almas sofredoras vêm nos afirmar isso, através de suas comunicações por diferentes médiuns. Além disso, o sofrimento depende, até certo ponto, da vontade do Espírito, pois este pode abreviá-lo pelos esforços que fizer para progredir. E a prece de coração, feita com espírito de caridade, incita o Espírito ao arrependimento, a desenvolver bons sentimentos e a progredir para vencer os seus sofrimentos. (R.E., idem do acima).

· A PRECE AJUDA A PROMOVER MELHORIAS ÍNTIMAS NOS ESPÍRITOS SOFREDORES: A prece pelos Espíritos sofredores esclarece-os e leva-os a compreender a felicidade dos que lhes são superiores. Além disso, anima-os a fazerem o bem e a se tornarem úteis para serem felizes. (R. E. idem do acima).

· A PRECE DESPERTA NOS ESPÍRITOS

SOFREDORES A SIMPATIA PELOS SEUS BENFEITORES: Os Espíritos sofredores ligam-se aos que oram por eles, como nos ligamos àqueles que nos são simpáticos e nos fazem bem. (R.E., idem do acima).

· A PRECE BENEFICIA O ESPÍRITO ARREPENDIDO DE SEUS ERROS COMETIDOS: A prece pode não ter efeito sobre o Espírito que não se arrepende dos crimes praticados. O Espírito criminoso e orgulhoso, que se revolta contra Deus e persiste nos maus caminhos, tem na ineficácia da prece um castigo. Ela só alivia o Espírito que se arrepende dos erros cometidos. Mas, nem por isso, devemos nos abster de orar por um Espírito mau, porque, mais cedo ou mais tarde, a prece vencerá o seu endurecimento e despertará nele pensamentos salutares. (R. E. fevereiro de 1860, Artigo: História de Um Danado, Edicel p. 58).

· AS PRECES SÃO REPARTIDAS PARA OS QUE PRECISAM DE SEUS BENEFÍCIOS: As preces feitas por pessoas piedosas em favor de todos os mortos revertem-se também para os Espíritos esquecidos pelos familiares. Deus as reparte igualmente e os bons Espíritos que delas não mais necessitam as devolvem àqueles a quem podem ser necessárias. (R.E. dezembro de 1860, artigo: O Dia dos Mortos, Edicel, p. 409).

AS PRECES NÃO ALTERAM A IMUTABILIDADE DAS LEIS DE DEUS, MAS, MESMO ASSIM, ELAS PODEM BENEFICIAR OS NECESSITADOS DELAS: Deus não derroga suas Leis a pedido nosso, pois seria a negação de um de Seus Atributos, que é a imutabilidade. Mas, isso não impede que a prece aja sobre aquele a quem é dirigida. Sendo a prece um testemunho de simpatia e de comiseração, ela faz sentir menos pesada a pena de quem sofre. Além disso, a prece tem o efeito ativo de incitar o Espírito ao arrependimento de suas faltas, e de inspirar-lhe o desejo de as reparar pela prática do bem. Assim, pela sua ação moral, a prece pode levar o Espírito ao arrependimento e à reparação voluntária, abreviando o tempo de sua expiação. (R.E. junho de 1861, artigo: A Prece, Edicel p. 184).

· A PRECE PROTEGE E FORTALECE OS QUE PERSEVERAM NO BEM: A prece que parte do coração protege o homem contra o orgulho, a inveja, o ódio, a hipocrisia, a mentira, a impureza, o materialismo e as blasfêmias. Além disso, Deus envia os bons Espíritos para fortalecer os que oram com perseverança no bem, tornando-os mais fortes. (R. E. julho de 1861, artigo: A Prece, Edicel, p. 238).

· A PRECE TEM AÇÃO SOBRE O ESPÍRITO A QUEM ELA É DIRIGIDA: A prece age diretamente sobre o Espírito a quem é dirigida. Ela modifica a sua vida de sofrimentos, por imprimir-lhe coragem e dar-lhe força para lutar e dominar as provas. (R. E. novembro de 1861, artigo: Efeitos da Prece, Edicel p. 380).

· A PRECE PODE LEVAR UM SENTIMENTO DE PERDÃO: A prece que leva o selo do perdão para o Espírito que causou algum mal, toca-o profundamente, tranqüilizando-o e comovendo-o. (R. E. agosto de 1862, artigo: Valor da Prece, Edicel, p. 248).

· AS PRECES DOS HOMENS SÃO BEM ACEITAS PELOS ESPÍRITOS SOFREDORES: Os bons Espíritos também oram pelos Espíritos sofredores, dando-lhes consolação e força. Mas, os Espíritos sofredores pedem preces aos homens porque elas têm o mérito das emanações terrenas, quando feitas com amor e caridade. As preces dos homens assemelham-se ao tirar o colar do pescoço para dar ao indigente, tirar o pão da mesa para dá-lo ao que tem fome, tornando-as mais agradáveis aos Espíritos sofredores.(R. E. idem do acima).

· A PRECE PODE NOS AUXILIAR NO AUTO-DOMÍNIO: Para dominarmos a nós próprios, o meio mais eficaz é a vontade, secundada pela prece de coração. É necessário pedir ao Anjo da Guarda e aos bons Espíritos que nos assistam na luta contra as más inclinações. Mas, além disso, precisamos nos lembrar do "Ajuda-te, e o céu te ajudará", realizando boas ações. (R.E. dezembro de 1862, artigo: Causas da Obsessão e Meios de Combate, Edicel, p. 355 a 365).

· A PRECE PERSISTENTE PODE NOS AJUDAR A VENCER A OBSESSÃO: Orando por um Espírito obsessor, pagamos com o bem o mal que nos é feito. Além disso, mostramo-nos melhor que o obsessor. Mas, é mantendo a perseverança na prece, que acabamos, na maioria dos casos, conduzindo-o a melhores sentimentos e atitudes. (R. E. idem do acima).

· A PRECE ALIADA AOS ESFORÇOS PARA A MELHORIA ÍNTIMA E À PRÁTICA DO BEM NOS LIBERTAM DAS INFLUÊNCIAS DOS ESPÍRITOS IMPERFEITOS E MAUS: A prece fervorosa e os esforços sérios para melhorarmos o mundo íntimo são os únicos meios de afastarmos os maus Espíritos, que reconhecem superiores a eles os que praticam o bem e realizam boas obras. (R. E. idem do acima).

· A PRECE PODE DESPERTAR A GRATIDÃO NOS ESPÍRITOS SOFREDORES: A prece que parte do coração em benefício dos Espíritos sofredores, que suportam a angústia da punição e do isolamento, é um ato de caridade que lhes dá alívio e lhes desperta a gratidão pelas almas piedosas que se interessam por eles. (R. E. dezembro de 1862, artigo: Dissertações Espíritas, Edicel p. 382).

· AS NOSSAS PRECES PODEM SER ENDEREÇADAS AOS ENTES QUERIDOS DESENCARNADOS: Podemos orar pela alma das pessoas que nos foram estimadas, pedindo a Deus que elas encontrem o caminho da felicidade, que os bons Espíritos lhes levem as nossas palavras e os nossos pensamentos amorosos, e que o véu material não impeça o nosso contato com elas. (R.E. maio de 1863, artigo: Prece pelas pessoas que foram estimadas, Edicel, p. 147).

· A PRECE ELEVA A NOSSA ALMA A DEUS, BENEFICIANDO-A NAS LUTAS TERRENAS : A prece eleva o Espírito a Deus, desprendendo-o das preocupações terrenas e transportando-o para a tranqüilidade e a paz. Além disso, a prece protege o homem das paixões e dos vícios. Quanto mais confiante e fervorosa for a prece, melhor escutada e agradável a Deus. Por isso, a prece a Deus deve ser feita com confiança, do fundo do coração, com fé e sinceridade. (R.E.junho de 1863, artigo: A Amizade e a Prece, Edicel p. 192).

· A PRECE TEM O PODER DE CURAR OS ENFERMOS: Algumas pessoas portadoras de força moral podem se reunir alguns dias, durante alguns instantes para pedir com fervor a Deus e aos bons

Espíritos em favor de uma pessoa doente, sem que a mesma esteja presente no local. Pelo pensamento, o grupo pode levar ao doente uma corrente fluídica salutar. A força está na razão da intenção e é aumentada pelo número de pessoas. (R.E. janeiro de 1863, artigo: Causas da Obsessão e Meios de Combate - Artigo II, Edicel, p. 5).

· A PRECE É RECURSO INDISPENSÁVEL AOS MÉDIUNS CURADORES: Os médiuns curadores devem elevar sua alma a Deus com fé, humildade, abnegação e desinteresse. Assim, Deus envia os bons Espíritos que vêm penetrar o médium com seu fluido benéfico, que é transmitido ao doente. A prece deve ser o guia e o ponto de apoio dos médiuns curadores. (R. E. janeiro de 1864, artigo: Médiuns Curadores, Edicel, p. 5 a 11)

· A PRECE TEM O PODER DE CURAR POR ESTABELECER UMA CORRENTE FLUÍDICA SALUTAR, COM A PARTICIPAÇÃO DOS BONS ESPÍRITOS: A prece fervorosa, ardente e feita com fé produz o efeito de uma magnetização, chamando o concurso dos bons Espíritos e dirigindo ao doente uma corrente fluídica salutar. Como todas as pessoas podem apelar aos bons Espíritos, orar e querer o bem, muitas vezes basta apenas impor as mãos sobre a dor alheia para a acalmar. Isto pode ser feito por qualquer um que tenha fé, fervor, vontade e confiança em Deus. (R.E. setembro de 1865, artigo: Da Mediunidade Curadora, Edicel p. 249).

· A PRECE DEVE POSSUIR AS QUALIDADES QUE A TORNAM EFICAZ: A principal qualidade da prece é ser clara, simples e concisa. Ela deve ser inteligível, com o uso de língua e de palavras conhecidas para que o coração participe dela. Cada palavra deve ter o seu alcance, despertar um pensamento e mover uma fibra do coração para que a prece atinja o seu objetivo. (R.E. agosto de 1864, artigo: Suplemento ao Capítulo das Preces da Imitação do Evangelho, Edicel, p. 231).

· A PRECE UNE A ATUAÇÃO DE DEUS E DOS BONS ESPÍRITOS COM A DOS HOMENS: Deus pode, sem derrogar as suas Leis, atender a uma prece, quando é justa e cuja realização pode ser útil. Assim, os Espíritos executores de Sua Vontade provocam as circunstâncias que devem conduzir ao resultado desejado. Quase sempre, esse resultado exige o concurso de algum Espírito encarnado. Assim, os Espíritos preparam, inspiram o pensamento que induz uma ação dos que devem cooperar, incitando-os a ir a um ponto e provocando encontros propícios. (R. E. maio de 1866, artigo: Aquiescência à Prece, Edicel p. 153).

· A PRECE INVOCA O SOCORRO DE ESPÍRITOS BENFEITORES, BEM COMO DE ANJOS

DA GUARDA E DE ESPÍRITOS PROTETORES: A prece, nos momentos de aflição, feita com confiança, submissão à Vontade de Deus, e de forma pura e desinteressada, estabelece uma corrente fluídica que leva longe o pensamento do aflito, como o ar leva a voz. Dessa forma, ela atrai os corações simpáticos aos sofrimentos, que praticam a caridade e socorrem os outros. Ainda, nesse socorro aos aflitos participam os Anjos de Guarda e os Espíritos protetores, cuja missão é velar pelos que lhes são confiados. (R.E. idem do acima).

· AS PRECES SÃO ATENDIDAS COM DISCRIÇÃO E NATURALIDADE: Certas preces exigem um certo tempo e circunstâncias favoráveis para serem atendidas. Essa demora na realização do desejo são provações para a paciência e a resignação de quem ora. Mas a realização do desejo quase sempre ocorre dentro de circunstâncias tão naturais, que absolutamente nada denuncia uma intervenção oculta. As coisas parecem arranjar-se por si mesmas. Isto porque os meios de ação não se afastam das leis gerais e se a assistência dos Espíritos fosse muito evidente, o homem fiaria neles e não agiria por conta própria. Mas, como o homem não vê o que foi feito pelos bons Espíritos, esquece logo os benefícios recebidos e se mostra ingrato. (R. E. idem do acima).

· A PRECE SERVE DE PODEROSO SUPORTE MORAL NA ADVERSIDADE: Depois da prece, sentimo-nos mais fortes, se estamos fracos; mais consolados, se estamos tristes. Assim, a prece é um poderoso suporte moral na adversidade. Pela prece colocamos nossa alma em comunhão com Deus e identificamo-nos com o mundo espiritual, vislumbrando a felicidade futura. (R. E. janeiro de 1866, artigo: Considerações sobre a Prece no Espiritismo, Edicel, p. 5).

· A PRECE É BÁLSAMO SALUTAR E ÚTIL PARA A ALMA E O CORPO: A prece conduz fluidos espirituais poderosos, que servem de bálsamo salutar para as feridas da alma e do corpo. Assim, a prece dissipa as tristezas, faz suportar os sofrimentos com coragem e suaviza os últimos momentos do agonizante. A prece tem uma imensa utilidade tanto para os que a fazem, quanto para aqueles a quem é destinada. (R. E. fevereiro de 1866, artigo: O Naufrágio do Borysthène, Edicel p. 42).

· A PRECE NÃO ATENDIDA DEVE SER ACEITA COM HUMILDADE E SUBMISSÃO A DEUS: Toda prece pura e desinteressada é escutada e levada em conta por Deus, que avalia a intenção de quem ora. Deus, em Sua Sabedoria, sabe julgar melhor do que os homens o que lhes é útil. Assim, os homens devem dar prova de humildade e de submissão à Vontade de Deus, mesmo quando uma prece não é atendida. (R. E. maio de 1866, artigo: Aquiescência à Prece, Edicel p. 153).

· **A PRECE NÃO PODE FALTAR NAS REUNIÕES ESPÍRITAS**: A prece, nas reuniões espíritas, predispõe ao recolhimento e à seriedade. Estas são condições indispensáveis para se obter comunicações sérias dos Espíritos. (R. E. idem do acima).

· **AS PRECES FEITAS NAS REUNIÕES ESPÍRITAS SÃO ACOMPANHADAS E AVALIADAS PELOS ESPÍRITOS**: Os Espíritos de todas as ordens acompanham as preces que são feitas nas reuniões espíritas. Por isso, elas devem ser feitas com recolhimento e as palavras pronunciadas do fundo do coração. Essas preces devem emitir pensamentos verdadeiros, porque os pensamentos mais secretos não ficam escondidos dos Espíritos. (R. E. novembro de 1868, artigo: O Verdadeiro Recolhimento, Edicel, p. 346).

MENSAGEM ESPIRITUAL: As preces prestam-se a inúmeras finalidades e produzem incontáveis benefícios, como os acima mencionados.

Que saibamos, portanto, entender bem todos os aspectos inerentes à prece, os quais foram abordados acima. Dessa forma, podemos orar adequadamente, beneficiando a nós próprios, bem como aos nossos semelhantes, encarnados ou desencarnados.

7 – Prece de Gratidão a Allan Kardec

Sábio e Amado Mestre Allan Kardec,
Recebe a nossa homenagem e imensa gratidão
Pelos sacrifícios que fizestes
E pelos trabalhos importantes que realizastes
Para constituir o Espiritismo.

Graças ao cumprimento de tua missão espiritual,
Com grandeza intelectual e moral,
A Humanidade conta hoje com uma nova visão de Deus e da Obra da Criação.

Com a tua obra da Codificação, pudemos:
Ter a comprovação da imortalidade da alma e

de sua comunicabilidade com os homens;

Desvendar os segredos da mediunidade;

Dialogar com os Espíritos de forma séria e instrutiva;

Conhecer a Doutrina de Jesus em sua verdadeira dimensão;

Descortinar as realidades da vida verdadeira, que é a espiritual;

Colocar a vida material no seu contexto restrito, mas importante;

Ter um novo entendimento do nosso destino com os fundamentos da Reencarnação;

Estar convencidos da importância do cumprimento das Leis Divinas sábias, justas e bondosas para a conquista da felicidade duradoura;

Enfrentar com coragem e resignação as provas, missões e expiações da vida, sabendo que elas nos ajudam no aprimoramento das faculdades do Espírito;

Nos libertar de dogmas, rituais, preconceitos e crenças infundadas, com o bom senso e a fé racionada que nos ensinastes a ter;

Direcionar a nossa vontade e o livre-arbítrio para o Bem e para as boas obras, colocando a Lei de Causa e Efeito a nosso favor;

Agradecer as boas influências dos bons Espíritos e estar vigilantes contra os processos obsessivos por parte de Espíritos ainda imperfeitos;

Estabelecer firme aliança e compromisso com o amor, a caridade e a humildade, com as quais podemos doar conforto para muitas almas sofredoras, aflitas e desiludidas com a vida material.

Por tudo isso, muito obrigado querido professor e Mestre da ciência, filosofia e religião do Espírito!

Que a cada dia de nossa passagem pela vida material, com as oportunas orientações que incorporastes no Espiritismo, e que nos legastes, saibamos cumprir fielmente as nossas obrigações, contribuindo para a aceleração do progresso e da regeneração moral da humanidade.

8 – Lições de Léon Denis sobre a Prece

Léon Denis fez uma excelente abordagem sobre a Prece, orientando-nos sobre diversos aspectos quanto ao ato de orar, quando tratou, na Quinta Parte de seu notável livro **"Depois da Morte"**, das virtudes que constituem o Caminho Reto.

Desse livro acima citado, podemos extrair as seguintes lições:

· A PRECE É UM MEIO DE FALARMOS COM DEUS: A prece é uma expansão da nossa alma para com Deus, um colóquio solitário, uma meditação sempre útil e fecunda.

· PODEMOS NOS REFUGIAR NA PRECE

QUANDO ESTAMOS AFLITOS, MAGOADOS, ACABRUNHADOS, PESAROSOS, DESESPERADOS, ANGUSTIADOS OU DESANIMADOS: A prece é, por excelência, o refúgio quando estamos aflitos ou magoados. Nas horas de acabrunhamento, de pesar íntimo e de desespero, podemos achar na prece a calma, o reconforto e o alívio para os nossos males. Através da oração, podemos expor as nossas angústias e os nossos desânimos, dialogar com quem dirigimos a nossa prece e implorar socorro, apoio e indulgência.

· A NOSSA CONSCIÊNCIA RECEBE A RESPOSTA ÀS NOSSAS SÚPLICAS: Depois da prece, escutamos no santuário da consciência a voz dAquele que dá força para as nossas lutas neste mundo, o bálsamo para as nossas feridas e a luz para as nossas incertezas. E essa voz nos consola, reanima e persuade; traz-nos a coragem, a submissão e a resignação. Então, erguemo-nos menos tristes, menos atormentados, porque um raio de sol divino luziu em nossa alma e despontou nela a esperança.

· A NOSSA PRECE ALCANÇA OS PLANOS SUPERIORES DE VIDA, DE ONDE RECEBEMOS AS BOAS INSPIRAÇÕES: A prece nos coloca acima das coisas terrestres, constituindo-se em um ardente apelo às potências superiores, um impulso, um vôo para as regiões que não são perturbadas pelos murmúrios e pelas agitações do mundo material. Daí obtemos as inspirações necessárias para vencermos nossas dificuldades. Então, a nossa prece sincera impregna-nos com impressões consoladoras e sublimes dos mundos superiores, como se tomássemos um banho fluídico e regenerador.

· A NOSSA PRECE DEVE SER IMPROVISADA E FEITA COM PALAVRAS COMUNS E HABITUAIS: Na conversação com Deus, não devemos organizar com antecedência a linguagem e nem usar fórmulas específicas. A linguagem da prece deve variar segundo as nossas necessidade e hábitos e retratar o nosso estado de espírito no momento. Dessa forma, a nossa prece pode ser um grito, um lamento, um desabafo, um cântico de amor, um manifesto de adoração, um exame dos atos praticados, um inventário moral perante Deus, um simples pensamento de louvor, uma lembrança agradável que desperte a vontade de agradecer ou apenas um olhar erguido para o Céu. Devemos ainda expressar o nosso estado de espírito, através da prece, quando sentirmos a alma enternecida, agitada por um sentimento profundo com um espetáculo da natureza. Então, endereçamos um brado de admiração para o Pai Eterno.

· NÃO DEVEMOS NOS ESQUECER DAS PRECES MATINAL E NOTURNA: Podemos orar a todo momento, mas é conveniente elevarmos o coração a Deus no começo e no fim de cada dia.

· NÃO DEVEMOS ORAR QUANDO NÃO ESTAMOS MOTIVADOS A FAZÊ-LO: Não devemos orar quando não estamos motivados, porque é melhor não fazer nenhuma prece do que orar somente com os lábios.

· AS NOSSAS PRECES NÃO AFASTAM AS PROVAÇÕES NEM AS DIFICULDADES QUE NOS LEVAM AO PROGRESSO: As preces não desviam de nós as provações inerentes à vida e nem anulam as condições necessárias ao nosso progresso: a lei de justiça imutável não se curva aos nossos caprichos.

· DEUS NÃO ATENDE A TODOS OS NOSSOS PEDIDOS: Deus não atende a todos os nossos desejos expressos nas preces porque muitos deles não nos convêm e nem nos seriam proveitosos. Deus sabe o que nos é mais conveniente.

· DEVEMOS PEDIR EM NOSSAS PRECES O CONHECIMENTO DAS LEIS E O AUXÍLIO DOS CÉUS: Devemos pedir em nossas preces o conhecimento da Lei, para podermos melhor cumpri-la; e solicitar o auxílio de Deus, o socorro e o apoio dos Espíritos benévolos, a fim de suportarmos dignamente os momentos de angústias e os maus dias.

· AS NOSSAS PRECES SE PROPAGAM ATRAVÉS

DO FLUIDO UNIVERSAL: As nossas preces e os nossos pensamentos fazem vibrar o fluido universal, à semelhança de uma pedra que atirada nas águas produz na superfície ondulações concêntricas. Mas, as vibrações das águas são limitadas, enquanto as do fluido universal se sucedem ao infinito. Dessa forma, as nossas preces atingem distâncias incalculáveis, quando feitas com uma vontade enérgica e perseverante.

· AS NOSSAS PRECES SÃO RESPONDIDAS PELOS BONS ESPÍRITOS: A corrente fluídica que se estabelece com a prece chega aos Espíritos elevados. Então eles respondem aos nossos chamados, vindo nos influenciar de acordo com as nossas necessidades.

· AS NOSSAS PRECES BENEFICIAM OS ESPÍRITOS SOFREDORES: As preces direcionadas aos Espíritos sofredores operam neles uma espécie de magnetização à distância, atenuando suas mágoas, tristezas e abandono e dando-lhes consolo, paz, esperança e coragem. Quando oramos pelos Espíritos infelizes, com vontade, sinceridade, compaixão, fé e amor, praticamos uma das mais eficazes formas de caridade, porque os beneficiamos muito.

· AS PRECES EM CONJUNTO SÃO AS MAIS PODEROSAS: A prece que fazemos em conjunto é um feixe de vontades, de pensamentos, raios, harmonias e perfumes que se dirige mais poderosamente ao seu alvo.

· NÃO DEVEMOS APENAS PEDIR COISAS MATERIAIS EM NOSSAS PRECES; ELAS DEVEM TER FINALIDADES ESPIRITUAIS: O objetivo da nossa prece não deve ser apenas o de pedir uma graça, um favor. Devemos, sim, elevar a alma aos Céus buscando um relacionamento mais amplo com as potências superiores que podem nos socorrer. Em nossas preces, devemos orar com recolhimento, sinceridade, alegria e amor buscando, antes das coisas materiais, os tesouros da paciência e da coragem que facilitam o cumprimento dos nossos deveres e das nossas tarefas que levam ao aperfeiçoamento, e que ajudam na solução de nossos problemas.

Também, na Primeira Parte de seu notável livro **"O Grande Enigma"**, Léon Denis registrou de forma magistral os seguintes pontos acerca da prece:

· A PRECE É UM ATO TRANSCENDENTAL: A prece é a aspiração ardente do ser humano que sente sua pequenez e sua miséria e procura, pelo menos por um instante, pôr as vibrações do seu pensamento em harmonia com a sinfonia eterna. É obra da meditação que, no recolhimento e no silêncio, eleva a alma até as alturas celestes onde aumenta as suas forças e impregna-se das irradiações da luz e do amor divinos.

· A PRECE NÃO MUDA AS LEIS; APENAS CAPTA O SOCORRO QUE VAI FACILITAR O CUMPRIMENTO DAS NOSSAS TAREFAS: A prece não muda as Leis. Seu papel é proporcionar-nos socorros e luzes que nos tornem mais fácil o cumprimento das nossas tarefas terrestres.

· A PRECE DO HOMEM DE BEM É CONSTANTE PELAS BOAS OBRAS QUE REALIZA: A vida do homem de bem é uma prece contínua, uma comunhão perpétua com seus semelhantes e com Deus. Ele não tem a necessidade das palavras, nem das formas exteriores para exprimir a sua fé. Ele se exprime através de seus atos e de seus pensamentos elevados.

· A PRECE VERDADEIRA LEVA A ALMA A UMA OUTRA DIMENSÃO: Pela prece verdadeira, a alma se transporta às regiões superiores; aí haure forças e luzes; aí encontra o apoio Divino. Nesse encontro com o Ser eterno, podemos expor-Lhe os nossos pensamentos e as nossas ações, submetendo-nos à sua Lei e fazendo da Sua vontade a regra de nossa vida. Dessa forma, achamos a paz no coração e a satisfação na consciência.

MENSAGEM ESPIRITUAL: Com essas lições maravilhosas de Léon Denis, conscientizamo-nos, ainda mais, da importância da prece em nossa vida.

Assim, aprimoramos as nossas relações com Deus, criamos sintonia mental com os bons Espíritos e reunimos forças íntimas para vencer as nossas provas e missões, beneficiando a nós mesmos e aos nossos semelhantes, através das boas obras.

Conscientes desse instrumento poderoso que temos a nossa disposição, sentimo-nos mais amparados para conquistar a grandeza moral e espiritual que vai nos garantir as bem-aventuranças na Terra e no Além.

BIBLIOGRAFIA
DENIS, Léon. ***Depois da Morte.*** Parte Quinta: O Caminho Reto, Capítulo LI: A Prece. 12ª edição. Rio de Janeiro: FEB, 1983.
DENIS, Léon. ***O Grande Enigma***. Primeira Parte: Deus e o Universo. 4ª edição. Rio de Janeiro: FEB.

9 – Lições dos Bons Espíritos sobre a Prece

Os bons Espíritos que se têm comunicado, através de diferentes médiuns, (principalmente Francisco Cândido Xavier e Divaldo Pereira Franco), transmitiram-nos muitas lições sobre a prece, que são verdadeiras orientações espirituais que confirmam as constatações de Allan Kardec e de Léon Denis sobre a oração, já relacionadas nos capítulos anteriores.

Eis, abaixo, as principais lições dos Bons Espíritos, extraídas de diversos livros espíritas:

· DEVEMOS TER GRATIDÃO PELA BÊNÇÃO DA VIDA: *"Agradeça a Deus a bênção da vida, pela manhã"* (André Luiz / F.C.Xavier; livro: Sinal Verde, Capítulo 1; Edição CEC).

· SAIBAMOS RECONHECER AS BÊNÇÃOS QUE RECEBEMOS DA VIDA: *"Cada manhã, enderecemos a Deus o nosso reconhecimento pelas bênçãos da vida".* (André Luiz / F.C.Xavier; livro: Busca e Acharás, Capítulo 8; Edição IDEAL).

· AS NOSSAS PRECES SÃO SEMPRE RESPONDIDAS: *"Não há prece sem resposta. E a oração, filha do amor, não é apenas súplica. É comunhão entre o Criador e a criatura, constituindo, assim, o mais poderoso influxo magnético que conhecemos".* (André Luiz / F.C.Xavier; livro: Os Mensageiros, 22ª edição, p. 136; Edição FEB).

· AS NOSSAS PRECES MOBILIZAM TRABALHADORES DO SENHOR: *"A oração, elevando o nível mental da criatura confiante e crente no Divino Poder, favorece o intercâmbio entre as duas esferas e facilita nossa tarefa de auxílio fraternal. Imensos exércitos de trabalhadores desencarnados se movimentam em toda parte, em nome de Nosso Pai".* (André Luiz / F.C.Xavier; livro: Missionários da Luz, 21ª edição, p. 333; Edição FEB).

· AS NOSSAS PRECES SÃO AVALIADAS E ATENDIDAS COM SABEDORIA: *"Petições semelhantes a esta elevam-se a planos superiores e aí são acolhidas pelos emissários da Virgem de Nazaret, a fim de serem examinadas e atendidas, conforme o critério da verdadeira sabedoria".* (André Luiz / F.C.Xavier; livro: Ação e Reação, 13ª edição, p. 158; Edição FEB).

· AS NOSSAS PRECES PODEM SE CONVERTER EM FATORES DE CURA, RENOVAÇÃO E ILUMINAÇÃO: *"Os raios divinos, expedidos pela oração santificadora, convertem-se em fatores adiantados de cooperação eficiente e definitiva na cura do corpo, na renovação da alma e iluminação da consciência".* (André Luiz / F.C.Xavier; livro: Missionários da Luz, 21ª edição, p. 66; Edição FEB).

· AS NOSSAS PRECES PROMOVEM A IMUNIZAÇÃO ESPIRITUAL: *"A esposa de Nemésio mantinha o hábito da oração. Imunizava-se espiritualmente por si. Repelia, sem esforço, quaisquer formas-pensamentos de sentido aviltante que lhe fossem arremessadas".* (André Luiz/ F.C.Xavier e Waldo Vieira; livro: Sexo e Destino, 14ª edição, p. 55; Edição FEB).

· COM A PRECE, PODEMOS VENCER OS DESEQUILÍBRIOS PROMOVIDOS POR NOSSOS INIMIGOS: *"Se temos a infelicidade de possuir inimigos, cuja presença nos perturba, é importante* recorrer à prece, rogando a Deus nos conceda forças para que o desequilíbrio desapareça, porque então um caminho de reajuste surgirá para nossa alma".* (André Luiz, F.C.Xavier; livro: Entre a Terra e o Céu, 2ª edição, Capítulo XXXI, p. 198; Edição FEB.

· A PRECE NO AMBIENTE DOMÉSTICO GERA BENEFÍCIOS ESPIRITUAIS: *"Toda vez que se ora num lar, prepara-se a melhoria do ambiente doméstico. Cada prece do coração constitui emissão eletromagnética de relativo poder. Por isso mesmo, o culto familiar do Evangelho não é tão só um curso de iluminação interior, mas também processo avançado de defesa exterior, pelas claridades espirituais que acende em torno. O homem que cultiva a prece transforma-se em fortaleza, compreenderam?* (André Luiz/ F.C.Xavier; livro: Os Mensageiros, 22ª edição, p. 197; Edição FEB).

· A PRECE NÃO AFASTA A CONSEQÜÊNCIA DA PRÓPRIA IRRESPONSABILIDADE: *"A prece não afasta do caminho da alma culpada aquilo que ela própria buscou com seus pensamentos e atos"* (Maria João de Deus / F.C.Xavier; livro: Cartas de Uma Morta, 10ª edição, p. 47; Edição LAKE).

· AS NOSSAS PRECES SÃO AVALIADAS NO PLANO ESPIRITUAL E ATENDIDAS POR

ESPECIALISTAS NO ASSUNTO: *"Nossa especialidade é examinar as preces dos seres terrenos, acudindo às casas de oração ou a qualquer lugar onde há um Espírito que pede e que sofre. As rogativas de cada um, então, são anotadas e examinadas por nós, procurando estabelecer a natureza da prece, os seus méritos e deméritos, sua elevação ou inferioridade para podermos determinar os socorros necessários. Até as orações das crianças são tomadas em consideração: qualquer pedido, qualquer súplica, tem a sua anotação particular".* (Maria João de Deus / F.C.Xavier; livro: Cartas de Uma Morta, 10ª edição, p. 68; Edição LAKE).

· DEVEMOS CUIDAR PARA QUE A NOSSA PRECE TENHA SUBLIMIDADE E NÃO INFERIORIDADE: *"Há orações sublimes que se elevam da Terra até o nosso distrito, tão puras elas são, todavia, que atravessam as nossas regiões como jatos de luz, buscando esferas mais altas e mais elevadas que a nossa. Existem, igualmente, as imprecações mais negras e mais dolorosas. Todas, contudo, merecem o nosso particular carinho e acurada atenção".* (Maria João de Deus / F.C.Xavier; livro: Cartas de Uma Morta, 10ª edição, p. 68; Edição LAKE).

· AS NOSSAS PRECES PASSAM POR UMA

SELEÇÃO, ANTES DE SEREM ATENDIDAS: *"Deveis saber que há aqui, nomeados para a prece, guardas cujo dever é analisar e escolher as oferecidas pelos habitantes da Terra, separá-las em classes e grupos, e passá-las adiante para serem examinadas por outros e atendidas de acordo com os seus merecimento e força. (...) Há também preces que se nos apresentam sob tão profundo aspecto, que ficam fora do alcance dos nossos estudos e conhecimentos. Estas, nós as passamos para os de gradação mais elevada, para que as tratem, em vista do seu maior saber".* (Reverendo G. Vale Owen; livro: A Vida Além do Véu, 4ª edição, p. 179; Edição FEB).

· A PRECE OFERECIDA AOS ESPÍRITOS DESENCARNADOS É UM BENÉFICO GESTO DE FRATERNIDADE: *"Alguns companheiros ofertavam-me os recursos da prece santificante. Tamanho foi o meu contentamento que quase me ajoelhei feliz. Aquela rogativa que formulavam a Jesus, em benefício de minha paz, constituía dádiva celeste. Do pequeno conjunto emanavam energias confortadoras que me penetravam à maneira de chuva balsâmica. A oração influenciara-me docemente. Creio que os recém-desencarnados quase sempre necessitam do pensamento fraterno dos que se demoram no círculo carnal"*. (Irmão Jacob / F.C.Xavier; Livro: Voltei, Cap. 5, 12ª edição, p. 60; Edição FEB).

· AS NOSSAS PRECES NOS AUXILIAM A APRENDER E A SERVIR COM NOBREZA ESPIRITUAL: *"Acendamos, cada dia, por alguns instantes, a luz da prece em nosso próprio íntimo e roguemos a Jesus nos ensine a ver e a discernir para que, através da oração, possamos aprender e servir sem compromissos escuros nos laços da tentação".* (Emmanuel / F.C.Xavier; livro: Semeador em Tempos Novos, Capítulo 6, Edição: GEEM).

· AS NOSSAS ROGATIVAS ATRAVÉS DA PRECE DEVEM ESTAR AMPARADAS NOS BENEFÍCIOS E NO AMPARO QUE DISTRIBUÍMOS AOS SEMELHANTES: *"Em supondo que a solução do Alto demora a caminho, depois de havermos rogado o favor da Infinita Bondade, recordemos que se a hora de crise é o tempo de luta, é também a ocasião para os melhores testemunhos de fé; e que se exigimos o amparo do Senhor, em nosso benefício, é perfeitamente justo que o Senhor nos solicite algum amparo, em favor dos que se afligem, junto de nós".* (Emmanuel / F.C.Xavier; livro: Palavras de Vida Eterna, Capítulo 172; Edição CEC).

· ALÉM DE ORAR, DEVEMOS SEGUIR ADIANTE EM NOSSOS DEVERES,

COMPROMISSOS E OBRIGAÇÕES: *"Ora e segue adiante, rogando ao Senhor te auxilie a compreender sem desesperar. (...) Ora e segue adiante, rogando ao Senhor te auxilie a sofrer sem ferir. (...) Ora e segue adiante, rogando ao Senhor te auxilie a servir sem reclamar. (...) Ora e segue adiante, rogando ao Senhor te auxilie a esperar sem exigir. (...) Em todas as provações, ora e segue adiante, rogando ao Senhor te auxilie a sustentar a consciência tranqüila, no desempenho dos deveres que te competem".* (Emmanuel / F.C.Xavier; livro: Livro da Esperança, Capítulo 90; Edição CEC).

· AS NOSSAS PRECES SOBEM ÀS ESFERAS SUPERIORES E SÃO RESPONDIDAS PELOS BONS ESPÍRITOS: *"A prece impulsiona as recônditas energias do coração, libertando-as com as imagens de nosso desejo, por intermédio da força viva e plasticizante do pensamento, imagens essas que, ascendendo às Esferas Superiores, tocam as inteligências visíveis ou invisíveis que nos rodeiam, pelas quais comumente recebemos as respostas do Plano Divino, porquanto o Pai Todo-Bondoso se manifesta igualmente pelos filhos que se fazem bons".* (Emmanuel / F.C.Xavier; livro: Pensamento e Vida, 8ª edição, p. 121; Edição FEB).

· DEVEMOS ORAR ANTES DAS LUTAS E DAS TENTAÇÕES, PARA ESTARMOS VACINADOS

CONTRA O MAL: *"Todos fazemos preces, depois que o sofrimento nos convoca à expiação regenerativa, quando o processo de nossas defecções morais já coagulou em torno de nosso espírito o cáustico da aflição com que havemos de purificar os tecidos da própria alma. Todavia, quão raras vezes oramos antes da luta, vacinando o sentimento contra a sombra da tentação!".* (Emmanuel / F.C.Xavier; livro: Mãos Marcadas, Capítulo 11; Edição IDE).

· DEVEMOS CULTIVAR A PRECE MESMO ENFRENTANDO DOLOROSOS SOFRIMENTOS PARA TERMOS DEUS AO NOSSO LADO : *"Ainda mesmo que te encontres no labirinto quase inextrincável das provações inflexíveis, ainda mesmo que a tua jornada se alongue sob o granizo da discórdia e da incompreensão, em plena sombra, cultiva a prece, com a mesma persistência a que te induzas na procura da água para a sede e do pão para a fome do corpo. Na dor, ser-te-á divino consolo, na perturbação constituirá tua bússola. Não olvides que a permanência na Terra é uma simples viagem educativa de nossa alma, no espaço e no tempo, e não te esqueças de que somente pela oração, descobriremos, cada dia, o rumo que nos conduzirá de retorno aos braços amorosos de Deus".* (Emmanuel / F.C.Xavier; livro:

À Luz da Oração, 7ª edição, p. 9; Edição: Casa Editora O CLARIM).

· A PRECE NÃO AFASTA A PROVAÇÃO E NEM A DOR, MAS RENOVA O NOSSO ESPÍRITO E NOS APROXIMA DE DEUS, DANDO-NOS AS FORÇAS ÍNTIMAS NECESSÁRIAS PARA VENCÊ-LAS: *"A oração não suprime, de imediato, os quadros da provação, mas renova-nos o espírito, a fim de que venhamos a sublimá-los ou removê-los. (...) Quando a dor te entenebrece os horizontes da alma, subtraindo-te a serenidade e a alegria, tudo parece escuridão envolvente e derrota irremediável, induzindo-te ao desânimo e insuflando-te o desespero; todavia se acendes no coração leve flama da prece, fios imponderáveis de confiança ligam-te o ser à Providência Divina".* ((Emmanuel / F.C.Xavier; livro: À Luz da Oração, 7ª edição, p. 166; Edição: Casa Editora O CLARIM).

· A ORAÇÃO DEVE ESTAR ALIADA À PACIÊNCIA: *"A oração lhe concederá inspiração e a paciência o tesouro do tempo para a indispensável compreensão do problema. (...) A oração lhe oferecerá a luz do discernimento e a paciência a diretriz para seguir confiante. (...) Oração é equilíbrio; paciência, segurança. (...) A oração lhe doará forças e a paciência, ânimo para reiniciar a jornada com otimismo. (...) A oração sustenta na perseverança do ideal e a paciência faculta oportunidade para a reflexão. (...) A oração é ponte para ligá-lo ao Pai e a paciência é a estrada por onde você deambulará até lograr essa meta superior. (...) A oração lhe abrirá a comporta mental para a inspiração, a paciência lhe dará os meios para guardar no imo a resposta divina. (...) Orando, Jesus manteve direto contato com Deus. Paciente, superou todos os obstáculos e, apesar de abandonado, aparentemente vencido, atraiu todos ao Seu coração magnânimo".* (Marco Prisco / Divaldo P. Franco; livro: Momentos de Decisão, Capítulo 13, Edição LEAL Editora).

· O PENSAMENTO ATUA SOBRE O FLUIDO UNIVERSAL, ESTABELECENDO O TEOR VIBRATÓRIO, A SINTONIA COM OS ESPÍRITOS E DETERMINANDO ESTADOS SADIOS OU ENFERMIÇOS: *"O pensamento atua no fluido que a tudo envolve, pelo seu teor vibratório produz natural sintonia com as diversas faixas nas quais se movimentam os Espíritos, na esfera física ou na Erraticidade, estabelecendo vínculos que se estreitam na razão da intensidade mantida. Essa energia fluídica, recebendo a vibração mental, assimila o seu conteúdo emocional e transforma-se, de acordo com as moléculas absorvidas, criando uma psicosfera sadia ou enfermiça, em volta daquele que a emite e passa a aspirá-la, experimentando o seu efeito conforme a qualidade de que se constitui".* (Manoel P. de Miranda / Divaldo P. Franco; livro: Temas da Vida e da Morte, 2ª edição, p. 33; Edição FEB).

· OS SELETORES DE PRECES DETERMINAM OS SOCORROS NECESSÁRIOS AOS QUE ORAM: *"Pessoas sinceramente afervoradas ao bem enviavam pedidos de ajuda, intercediam por familiares a um passo de tombarem nos aliciamentos extravagantes e fatais. Os seletores de preces facultavam ligações com os Núcleos Superiores da Vida, ao mesmo tempo intercambiando forças de auxílio aos orantes contritos, enquanto aparelhagens específicas acolhiam pensamentos e forças psíquicas que se transformavam em agentes energéticos que irradiavam correntes diluentes das condensações deletérias".* (Manoel P. de Miranda / Divaldo P. Franco; livro: Nas Fronteiras da Loucura, Capítulo 1; Edição LEAL Editora).

· A PRECE, O AMOR E A HUMILDADE SÃO FORTES ALIADOS NO COMBATE À OBSESSÃO ESPIRITUAL: *"Toda obsessão decorre da perfeita sintonia entre o agente perturbador e o paciente perturbado. Sintonia por comunhão mental na mesma faixa vibratória ou por identificação idealista através das correntes do pensamento. (...) A obsessão é enfermidade espiritual de erradicação demorada e difícil, pois que muito mais depende do encarnado perseguido do que do desencarnado perseguidor. Ao examinares qualquer paisagem mental em clima de obsessão, não olvides o impositivo do amor. Se convocado a ajudar algum obsesso, examina as possibilidades morais de que dispões e arma-te com as poderosas forças da prece e da humildade, de modo a servires de instrumento dos Espíritos Superiores, que se utilizarão de ti, para o ministério do socorro".* (Joanna de Ângelis / Divaldo P. Franco; livro: Lampadário Espírita, Capítulo 29, Edição FEB).

· COM A PRECE, CONTAMOS COM VALIOSOS RECURSOS ESPIRITUAIS: *"A prece é poderoso mecanismo de vinculação do ser humano com o mundo de vibrações elevadas. (...) A prece proporciona lucidez para agir e calma para enfrentar desafios. (...) A prece oferece vigor para que sejam enfrentadas as provações e experimentem alterações a duras penas, porquanto, nenhuma rogativa é dirigida a Deus, que não receba conveniente resposta. (...) A prece deve ter caráter pessoal, beneficiando aquele que a elabora, como também pode tê-lo de natureza intercessória por outrem, que experimentará o refrigério de que se constitui. A prece, que envolve outra pessoa, encarnada ou não, em dúlcidas vibrações de amor e de paz, alcança o beneficiário que, mesmo sem o entender, passa a experimentar-lhe o resultado."* (Joanna de Ângelis / Divaldo P. Franco; livro: No Rumo da Felicidade, 3ª edição, p. 105; Edição: Departamento Editorial do Centro Espírita Dr. Bezerra de Menezes).

MENSAGEM ESPIRITUAL: Essa pequena seleção de textos dos bons Espíritos, escritos através de diferentes médiuns, e extraídos de um número reduzido de livros espíritas, nos reafirmam a importância de estarmos vinculados à prece, pelos poderes que ela contém, pelos recursos que mobiliza e pelos benefícios que proporciona a nós mesmos e aos nossos semelhantes, principalmente se estivermos distinguidos pelos méritos das boas obras.

Que saibamos, portanto, de posse de tantos conhecimentos adquiridos através das comunicações com os bons Espíritos, recorrer permanentemente à prece para desfrutarmos de suas valiosas dádivas.

10 – A Prece na Prática Mediúnica

As faculdades mediúnicas desempenham uma função muito importante na nossa vida, por permitirem a influência ostensiva ou não dos bons Espíritos sobre nós, levando-nos a agir de modo elevado. Por isso, devemos estar sempre bem instruídos com relação ao uso correto da mediunidade, para que consigamos cumprir as missões relevantes que nos cabe desempenhar nos campos da propagação das realidades espirituais e do engrandecimento moral dos homens.

Nesse sentido, o Espírito Odilon Fernandes, no Capítulo 50 – Mediunidade e Oração – do livro: **"Conversando com os Médiuns"**, psicografado por

Carlos A. Baccelli, e de edição da Livraria Espírita Edições "Pedro e Paulo", traçou as seguintes recomendações aos médiuns, para que consigam incorporar adequadamente a prece na prática mediúnica:

· O médium deve ser uma pessoa vinculada à oração.

· Com a prece, o pensamento do médium atinge as regiões superiores do Mundo Espiritual, rogando a intercessão dos Espíritos Benfeitores.

· A oração não dispensa a atitude de vigilância contra o assédio de Espíritos infelizes.

· A Espiritualidade não deixa sem resposta um anseio que o medianeiro envia ao Mais Além através da prece.

· Com a oração, o médium pode conversar com os companheiros espirituais que o assessoram em suas atividades mediúnicas.

· A oração propicia o equilíbrio da mediunidade que o sensitivo precisa ter para abordar o Plano Espiritual.

· A prece chega aos Espíritos Redimidos que têm o poder espiritual de amenizar as dificuldades humanas e dar forças para que os médiuns as suportem com resignação.

· A oração deve ser o elemento de sintonia do

médium com o plano Mais Alto, por possibilitar que os conflitos da alma sejam pacificados e que os impulsos negativos decorrentes das dificuldades sejam amenizados.

· O médium não habituado à prece pode ser comparado a linda flor sem perfume, a uma obra de arte em que a moldura é mais bela que a tela pintada ou a um espelho opaco.

· A oração sublima a mediunidade.

· A oração é indispensável à prática mediúnica. Além disso, ela deve estar fortalecida com o serviço no campo do bem, com o qual o médium pode amenizar dores, curar feridas, dividir o pão, vestir os desnudos, restituir a esperança aos corações sofredores, sair de si mesmo na vivência da caridade, esquecer-se nos gestos de solidariedade e materializar as bênçãos que promanam do Alto.

· A oração certifica que a mediunidade está evangelizada; fornece à Espiritualidade Superior provas da sinceridade do médium no serviço de intercâmbio, servindo de aval de suas puras intenções; e é um refúgio para o medianeiro nos momentos em que o vendaval das provas soprar mais forte.

MENSAGEM ESPIRITUAL: Todos nós, de alguma forma, possuímos um tipo de mediunidade mais ou menos desenvolvida e que se manifesta de forma mais ou menos persistente. Assim, precisamos de instruções permanentes para que possamos aprimorá-la e usá-la bem.

Neste sentido, a prece desempenha um papel fundamental, como vimos acima, por nos ligar a Deus e nos colocar em sintonia com os Benfeitores Espirituais que podem se servir de nós para a consecução do Bem.

11 – A Prece e o Passe

Através do passe, podemos colocar em prática a recomendação de Jesus a seus discípulos, contida em Marcos, Capítulo XVI, Versículo 18: *"Imporão as mãos sobre os enfermos, e lhes darão saúde"*.

Mas, essa imposição das mãos para curar, no Espiritismo, enquadra-se na prática da mediunidade curadora, por exigir a participação dos bons Espíritos e envolver aspectos tipicamente religiosos, tais como Deus, a fé, a prece, a humildade, o amor e a caridade.

Especificamente com relação à prece a Deus no momento do passe, temos as seguintes recomendações do Espiritismo, facilmente constatáveis nos livros espíritas que tratam do assunto, mas principalmente nos abaixo citados, de onde foram extraídos os textos e adaptados à finalidade deste estudo:

· O MÉDIUM CURADOR ATUA SOB A INTERVENÇÃO DOS BONS ESPÍRITOS: O médium curador, ao recorrer à prece, promove uma verdadeira evocação, que o possibilita agir sob a intervenção dos bons Espíritos. Com a ajuda desses Espíritos, o médium curador tem a sua força magnética aumentada, pois os Espíritos a quem ele apelou dão aos fluidos as qualidades necessárias à cura. (O Livro dos Médiuns, Segunda Parte, Capítulo XIV).

· A PRECE TEM O PODER DE CURAR: Certas curas podem ser obtidas apenas com a prece, quando Deus o permite. Mas, às vezes, o doente deve continuar sofrendo, pois o sofrimento é para o seu próprio bem, o que o leva a pensar que a sua prece não foi ouvida. (O Livro dos Médiuns, Segunda Parte, Capítulo XIV).

· OS MÉDIUNS CURADORES DEVEM USAR TANTO A IMPOSIÇÃO DAS MÃOS COMO A PRECE: Os médiuns curadores, fortalecidos pelo concurso dos bons Espíritos, têm o poder de curar ou de aliviar os males pela imposição das mãos ou pela prece. (O Livro dos Médiuns, Segunda Parte, Capítulo XVI).

· O MÉDIUM CURADOR DEPENDE DA PERMISSÃO DE DEUS PARA CURAR E DA AÇÃO DOS BONS ESPÍRITOS SOBRE OS FLUIDOS: O médium curador deve orar a Deus pedindo autorização para a realização da cura e permissão para que os bons Espíritos possam impregná-lo com os fluidos salutares que serão transmitidos ao doente. (O Evangelho Segundo o Espiritismo, Capítulo XXVIII – Prece do Médium Curador).

· OS PENSAMENTOS DO MÉDIUM CURADOR, CONTIDOS NA PRECE, ATUAM SOBRE OS FLUIDOS DANDO-LHES BOAS QUALIDADES: Os bons pensamentos contidos na prece modificam as propriedades e dão boas qualidades aos fluidos espirituais que rodeiam os homens. Esses fluidos são assimilados pelo perispírito (também conhecido como corpo espiritual) e exercem influências sobre o corpo material, com o qual está em contato molecular. (A Gênese, Capítulo XIV).

· A FORÇA DA FACULDADE CURADORA DEPENDE DAS BOAS QUALIDADES DO MÉDIUM: As causas que aumentam a força da faculdade curadora são: as qualidades morais do médium, a pureza dos sentimentos, o desinteresse, a benevolência, o desejo ardente de proporcionar alívio ao doente, a fé em Deus e a prece fervorosa. (Obras Póstumas, Primeira Parte, Dos Médiuns).

· A PRECE DO HOMEM DE BEM ATRAI O CONCURSO DOS BONS ESPÍRITOS: A prece atrai o concurso dos bons Espíritos, que são solícitos em ajudar os homens bem-intencionados. Eles aumentam a força fluídica do homem que é um aliado ao bem. (Obras Póstumas, Primeira Parte, Dos Médiuns). A prece fervorosa e sincera tem o poder de atrair os bons Espíritos que usam a vontade para imprimir aos fluidos salutares uma boa direção e uma energia maior. (Revista Espírita, setembro de 1865, Da Mediunidade Curadora).

· A PRECE A DEUS INTENSIFICA A AÇÃO DA FACULDADE CURADORA: A prece dirigida a Deus por uma alma pura e desinteressada é um tipo de magnetismo muito poderoso que pode curar ao ser transmitido ao doente. (Revista Espírita, janeiro de 1864, Médiuns Curadores).

· TODOS NÓS PODEMOS ORAR PARA BENEFICIAR O SEMELHANTE: A prece visando curar uma pessoa doente pode ser feita por qualquer um que queira o bem do próximo e que tenha fé, fervor, vontade e confiança em Deus. (Revista Espírita, setembro de 1865, Da Mediunidade Curadora).

· O MÉDIUM CURADOR DEVE TER COMO

RECURSOS A PRECE E A PRÓPRIA DEPURAÇÃO DA ALMA: A prece e a depuração da alma são recursos que o médium curador deve usar para tratar os doentes do corpo e da alma. Assim, ele tem condições de ensinar o doente a orar e a purificar a sua alma ainda sofredora. (Revista Espírita, outubro de 1867, Conselhos sobre a Mediunidade Curadora).

· A PRECE NÃO DEVE SER FEITA APENAS PARA PEDIR, MAS TAMBÉM PARA AGRADECER E ADORAR A DEUS: A prece de agradecimento e de adoração a Deus deve ser feita pelo médium curador junto com os enfermos que obtiveram a cura. Essa prece deve ser feita mesmo ante a ingratidão de uma alma endurecida que obteve a cura do corpo, porque quanto mais uma pessoa está doente e sofre, mais cuidados ela merece do médico. (Revista Espírita, outubro de 1867, Conselhos sobre a Mediunidade Curadora).

· O MÉDIUM CURADOR E O ENFERMO UNIDOS NOS MESMOS OBJETIVOS E PELAS MESMAS QUALIDADES AMPLIAM A AÇÃO CURADORA: O médium curador e a pessoa enferma, quando se acham unidos pelo pensamento e pelo coração, e quando amparados pela fé vivaz, pela vontade e pela prece que evoca os bons Espíritos, obtêm uma ação curativa mais intensa. (Léon Denis, No Invisível, Capítulo XV).

· AS FORÇAS DA FACULDADE CURADORA ESTÃO NA PRECE E NO AMOR: As forças curadoras nunca devem ser postas em ação sem o acréscimo do impulso da prece e do pensamento de amor sincero pelos semelhantes. (Léon Denis, No Invisível, Capítulo XV).

· A PRECE PREPARA AS BOAS CONDIÇÕES PARA O PASSE: O passe espírita tem como aliados a prece, a concentração e a doação. O passista suplica, pela prece, a atuação e a doação dos bons Espíritos. O passe deve ser sempre precedido de preparação do passista, do ambiente e do paciente, através da prece feita com o coração. A prece e o interesse em ajudar o necessitado criam a sintonia com os bons Espíritos que amparam o passista e socorrem o necessitado. (José Herculano Pires, no livro "Obsessão, o Passe e a Doutrinação").

· O PASSE DEVE SER SEMPRE APLICADO À LUZ DA ORAÇÃO: O passe deve ser sempre aplicado à luz da oração, seguindo Jesus. A prece-rogativa alcança o Plano Espiritual por petição de socorro, granjeando o amparo dos Mensageiros do Bem, que mobilizam energias para a reestruturação dos recursos orgânicos e espirituais. (Espírito Batuíra, na mensagem " Passes Curativos", contida no livro "Mais Luz", de Edição GEEM).

· O PASSE DEVE SER APLICADO COM A PRECE

E O ENVOLVIMENTO DA ALMA: O médium curador deve pronunciar a prece que reconforta e estender o passe que restaura, como se fossem pedaços do próprio coração em forma de auxílio. (Espírito Emmanuel, na mensagem "Mediunidade e Doentes", contida no livro "Seara dos Médiuns", de edição FEB).

· A PRECE FACILITA O SERVIÇO DE SOCORRO ESPIRITUAL: A prece favorece o intercâmbio entre as esferas espiritual e material, melhora a atmosfera e facilita o serviço de socorro espiritual. A pessoa que ora confiante no Poder Divino eleva o seu nível mental, emite energias benéficas, recolhe forças magnéticas e promove a renovação das forças íntimas. (Espírito André Luiz, no Capítulo 19 do livro "Missionários da Luz", de edição FEB).

· A PRECE MANTÉM A SINTONIA COM OS BONS ESPÍRITOS: A prece, criando vigorosa corrente mental, mantém o médium passista em comunicação com o plano invisível e em contato com as energias e as forças revigorantes manipuladas pelos bons Espíritos. (Espírito André Luiz, Capítulo 17 do livro "Nos Domínios da Mediunidade", de edição FEB).

MENSAGEM ESPIRITUAL: Todos nós podemos

praticar a mediunidade curadora, principalmente se soubermos aliar à prece a imposição das mãos ensinada por Jesus para beneficiarmos as pessoas doentes, seguindo as recomendações acima apresentadas.

Dessa forma, unimos a prece a Deus e aos bons Espíritos às boas obras, praticando o amor e a caridade, que são tão indispensáveis à nossa conquista de méritos espirituais .

LEITURA COMPLEMENTAR SUGERIDA:
ANDRADE, Geziel. **Terapêutica Espírita.** Editora EME. 2001.

12 – A Prece, a Água Fluidificada e a Cura Espiritual

Muitas pessoas, ante as mais diversas enfermidades do corpo ou da alma, recorrem à prece a Deus para implorar a cura desejada, atendendo às suas crenças religiosas, e, assim, complementam os tratamentos médicos.

Algumas pessoas recorrem, ainda, à água fluidificada pelos bons Espíritos, atentas, principalmente, às seguintes lições:

1) "Se desejas o concurso dos Amigos Espirituais, na solução de tuas necessidades fisiológicas ou dos problemas de saúde e equilíbrio dos companheiros, coloca o teu recipiente de água cristalina à frente de tuas orações, espera e confia. O orvalho do Plano Divino magnetizará o líquido, com raios de amor, em forma de bênção, e estarás, então, consagrando o sublime ensinamento do copo de água pura, abençoado nos Céus". (Espírito Emmanuel, na mensagem "A Água Fluida", contida no livro "Segue-me", de edição O CLARIM).

2) *"Procedendo de mais alto, três entidades de sublime posição hierárquica se fizeram visíveis à santa mesa, com o evidente propósito de ali semearem os benefícios divinos. Magnetizaram as águas expostas, saturando-as de princípios salutares e vitalizantes, como acontece nas sessões de Espiritismo Cristão".* (Espírito André Luiz, no Capítulo IX, do livro "Libertação", de edição FEB).

3) *"O menino recitou o "Pai Nosso" e, em seguida, pediu a Jesus a saúde da irmãzinha doente, com enternecedora súplica. Vimos o nosso orientador acercar-se do recipiente de água cristalina, magnetizando-a, em favor da enferma que parecia expressivamente confortada, ante a oração ouvida".* (Espírito André Luiz, no Capítulo XXXI, do livro "Entre a Terra e o Céu", de edição FEB).

4) " – A água potável destina-se a ser

fluidificada. O líquido simples receberá recursos magnéticos de subido valor para o equilíbrio psicofísico dos circunstantes.

Com efeito, mal acabávamos de ouvir o apontamento, Clementino se abeirou do vaso e, de pensamento em prece, aos poucos se nos revelou coroado de luz. Daí a instantes, de sua destra espalmada sobre o jarro, partículas radiosas eram projetadas sobre o líquido cristalino que as absorvia de maneira total.

— Por intermédio da água fluidificada – continuou Áulus —, precioso esforço de medicação pode ser levado a efeito. Há lesões e deficiências no veículo espiritual a se estamparem no corpo físico, que somente a intervenção magnética consegue aliviar, até que os interessados se disponham à própria cura". (Espírito André Luiz, no Capítulo 12, do livro "Nos Domínios da Mediunidade", de edição FEB).

MENSAGEM ESPIRITUAL: Sem dúvida, o poder da prece atrai os bons Espíritos que podem, inclusive, depositar na água fluidos salutares, que são valiosos para o bem-estar e a saúde do corpo e da alma.

Mas, é importante estarmos atentos aos seguintes pontos quanto ao uso da prece e da água fluidificada no auxílio à cura:

A Prece e a Água Fluidificada:

· Não dispensam sermos portadores de méritos espirituais para recebermos os seus benefícios para as nossas necessidades de cura.
· Servem apenas de complemento aos tratamentos médicos e aos recursos maravilhosos da medicina.
· Têm efeitos maiores se houver a nossa renovação íntima. Esta favorece a cura, porque promove o equilíbrio das emoções e dos sentimentos, facilitando a recuperação dos sistemas orgânicos.
· Agem de modo mais eficaz, quando estamos fortalecidos pelo serviço no bem, pelo estudo edificante, pelas boas obras, pelos serviços úteis aos semelhantes e pelo cumprimento dos deveres morais.
· Aceleram o processo de cura, quando estamos ajudando a nós mesmos, adotando todas as providências necessárias e nos esforçando para a eliminação das causas materiais e espirituais do processo doentio.
· São bênçãos de Deus e dos bons Espíritos,

que se fixam em nossos corpos espiritual e material, quando já eliminamos a revolta, o ódio, o ressentimento, a insatisfação, a mágoa e o descontentamento.

· Não afastam as provas ou as expiações. Apenas nos fortalecem para que possamos vencê-las, obtendo logo a restauração da saúde.

· Dependem de nossa fé em Deus e de nossa confiança em Seus poderes. Assim, recebemos o reconforto, o alívio, a esperança e a coragem que nos ajudam a vencer as enfermidades.

· Não têm o poder de, isoladamente, curar processos doentios complexos, tais como obsessões espirituais, lesões físicas e desequilíbrios mentais, que exigem tratamentos médicos especializados, complementados por recursos da terapêutica espírita.

Feitas essas ressalvas importantes, devemos recorrer sempre aos benefícios da prece e da água fluidificada, como recursos complementares importantes no tratamento dos processos enfermiços.

LEITURA COMPLEMENTAR SUGERIDA:

XAVIER, Francisco Cândido. (Autoria de Espíritos Diversos). ***À Luz da Oração.*** Capítulos: Oração e Renovação; A Terapêutica da Prece; Oração e Cura; A Oração Curativa; Prece e Obsessão. 7ª edição. Matão: Casa Editora O CLARIM, 2000. 198 p.

13 – A Prece na Avaliação da Medicina

Nos anos recentes, os meios de comunicação em geral têm dado grande destaque para as pesquisas no campo da medicina que relacionam a prece com a cura de determinadas doenças.

Evidentemente, as reportagens a respeito do assunto, seja na televisão, no rádio, nas revistas ou nos jornais, chamam muito a atenção, porque dizem respeito aos problemas que afetam a vida de todas as famílias.

Essas pesquisas científicas vêm sendo feitas, apesar da descrença de muitos cientistas, porque certos pacientes vinculados a crenças religiosas não abrem mão de recorrer à prece a Deus, com muita fé, pedindo confiantes a ajuda divina no restabelecimento da saúde. E, sem dúvida, alguns resultados obtidos, constatados e noticiados, após as preces dessas pessoas, têm se mostrado tão miraculosos, que não se torna mais possível ignorá-los.

Com efeito, ante a veiculação de tantas notícias sobre o assunto, que repercutem fortemente na opinião pública, podemos facilmente encontrar artigos que tiveram grande impacto na Sociedade recentemente.

Exemplos disso foram os dois casos abaixo apresentados, que mereceram inclusive a devida atenção de órgãos espíritas de comunicação:

1) Artigo na Revista "O Espírita", Ano XXIII, n. 110, p. 21, de setembro/dezembro de 2001, que comentou artigo publicado no jornal "National Enquirer", com os seguintes dizeres:

"Agora, médicos americanos, como os doutores William Reed e Roger Yomanas, violentando dogmas e axiomas acadêmicos, defendem a necessidade da oração na hora da cirurgia, como mostra a notícia ao lado extraída do jornal "National Enquirer": "MÉDICO DEFENDE O PODER DA ORAÇÃO NA HORA DA CIRURGIA. O que pensa um médico num momento difícil da operação? O Dr. William Reed procura rezar. O poder da oração pode garantir o sucesso de uma cirurgia, na atmosfera tensa de uma sala de operação, — garante o Dr. William Reed, presidente de uma Fundação Médica Cristã que reúne três mil médicos norte-americanos. "Quando uma enfermeira me passa um instrumento, faço sempre uma prece. Peço a Deus que me guie, de acordo com os seus desejos. A oração cria o clima de calma, necessário para o trabalho". Os médicos citam o caso de hemorragias subitamente controladas ou paradas cardíacas prontamente resolvidas. E o próprio Dr. Reed teve prova disso com seu filho de dois anos: "A criança estava com pneumonia e de repente parecia que ia morrer. Salvei-a com respiração artificial, depois que pedi: Ó Deus, não tire meu filho de mim." O Dr. Roger Youmanas, cirurgião da Califórnia, afirma que sempre reza durante 30 segundos quando se vê diante de um caso difícil: " Acredito que a prece em favor de um doente pode ajudar. E acredito que um cirurgião possa fazer uma operação melhor se tiver inspiração divina" . (National Enquirer – F.F.G.).

2) Artigo no jornal " O CLARIM", Ano XCVI, n. 5, de dezembro de 2001, p. 5, do articulista Octávio C. Serrano comentando artigo do jornalista Hélio Zenaide, publicado no jornal "A União", da cidade de João Pessoa –PB-, de 11 de abril de 2001. O assunto tratado diz respeito à seguinte expressão do médico, cientista e prêmio Nobel de Medicina e Fisiologia, Dr. Alexis Carrel: *"A prece pode ter um efeito explosivo!"*. Os principais destaques contidos nos referidos artigos foram:

"Dirigindo o Departamento de Pesquisas Médicas da Fundação Rockfeller, o Dr. Carrel criou uma comissão para pesquisas sobre os efeitos da prece no estado de saúde dos doentes do Memorial Hospital de Nova Iorque. Com base nas pesquisas, escreveu o livro "La Prière" (A oração). Antes de iniciar os estudos, confessava-se ateu. A oração – diz o doutor – atua sobre o espírito e sobre o corpo por uma forma que parece depender de sua qualidade, intensidade e freqüência. Quando a oração é habitual e verdadeiramente fervorosa, sua influência torna-se mais presente e podemos compará-la a uma glândula de secreção interna, como por exemplo a tireóide ou a supra-renal. Trata-se de uma espécie de transformação mental e orgânica, que se opera de forma progressiva. Dirse-ia que no mais profundo da consciência acende-se uma chama. Assim, abre-se perante a criatura o reino da graça. Pouco a pouco vai se produzindo um apaziguamento interior, uma harmonia das atividades nervosas, maior resignação ante a pobreza, a calúnia e o cansaço, bem como uma capacidade de suportar, sem fraquejar, a perda dos seus, a dor e a morte. Portanto, o médico que vê um paciente orar deve alegrar-se porque a calma nascida da oração é de grande ajuda para o tratamento. Segundo parece, a oração eleva o homem acima do estado mental proveniente de sua habitual harmonia, da sua hereditariedade, da sua educação. Este contato com Deus impregna-o de paz e a paz irradia nele. E ele leva a paz para toda parte onde vai. (...) Há doentes que se curaram quase instantaneamente de sérias afecções, tais como lupus facial, câncer, infecções renais, turberculose pulmonar, tuberculose óssea etc. O conjunto de fenômenos conduz-nos a um mundo novo, cuja exploração não foi ainda iniciada, mas que há de ser fértil de surpresas. O que já se sabe, por forma segura, é que a oração produz efeitos palpáveis. É pela oração que o homem vai até Deus e que Deus entra nele. O homem tem uma necessidade de Deus, como tem necessidade de água, de alimento, de oxigênio. Em outras palavras, quem não ora é um faminto. Não orar é matar a alma de fome, de sede e por falta de ar".

MENSAGEM ESPIRITUAL: Com certeza, o prezado leitor já foi atingido pelos meios de comunicações, com outras reportagens tão comuns acerca da cura obtida através da prece.

Isso reforça a nossa crença no poder da prece a Deus para curar. Mas, com o Espiritismo, podemos conhecer, como vimos nos Capítulos precedentes, os mecanismos que propiciam tantas bênçãos obtidas graças às preces.

Dessa forma, não devemos jamais menosprezar a prece em todos os momentos da vida, principalmente quando estivermos doentes. E, particularmente sobre o tema em questão: se apenas os pacientes orando, os resultados já são tão satisfatórios, imaginemos o quanto mais surpreendentes ainda serão, quando os médicos recorrerem às preces para beneficiarem ainda mais os enfermos sob os seus cuidados, como os ocorridos nos casos dos artigos acima reproduzidos.

14 – Frases Espíritas e Populares sobre a Prece

Algumas frases elaboradas por pessoas espíritas ou não merecem a nossa atenção, pois contêm muitas lições importantes sobre a prece.

Assim, procedemos a seleção das frases abaixo apresentadas, que se mostraram relevantes para reforçar vários ensinamentos já vistos anteriormente, bem como para nos ensinar aspectos novos relacionados com os poderes da prece:

1) DEVEMOS RECORRER À PRECE NOS MOMENTOS DE DIFICULDADE: *"Em qualquer dificuldade, não nos esqueçamos da oração... Elevemos o pensamento a Deus, procurando*

sintonia com os Espíritos bons. No mínimo, a prece nos pacifica para que encontremos, por nós mesmos, a saída para a dificuldade que estejamos enfrentando". (Francisco Cândido Xavier, no livro "O Evangelho de Chico Xavier", de autoria de Carlos A . Baccelli).

2) DEVEMOS NOS ALIAR A UMA RELIGIÃO, POIS ELA NOS ESTIMULA A ORAR: *"Pois saiba que estudos dos pesquisadores da Escola de Medicina de Harvard, o Instituto Nacional de Saúde e inúmeras outras instituições demonstram que práticas religiosas ativas estão associadas a vidas mais longas, mais saudáveis e certamente mais felizes. Pesquisas realizadas quanto ao efeito da religião sobre a satisfação na vida verificaram que, seja qual for a religião, as pessoas que têm sólidas crenças religiosas estão, em geral, satisfeitas com a vida, enquanto que aquelas que não têm qualquer crença religiosa demonstram geralmente insatisfação".* (David Niven, no Capítulo "Não permita que suas crenças religiosas se enfraqueçam", do livro "Os 100 Segredos das Pessoas Felizes", de Edição Sextante).

3) DEVEMOS DIFERENCIAR BEM A PONDERAÇÃO DA ORAÇÃO: *"As pessoas*

freqüentemente acham que oraram quando passaram tempo ponderando. Ponderação não é oração. Somente quando envolvemos Deus neste processo é que ele se transforma em oração. (...) Quando incluímos Deus, nossa ponderação envolve de súbito o onisciente Deus do universo que sabe todas as coisas. O Deus que nunca se engana. O Deus que sabe todos os porquês, todos os resultados, todo o aperfeiçoamento que Ele pretende através de tudo o que acontece em nossas famílias. Quando Deus é envolvido pessoalmente em nossa ponderação, vêm conclusões certas e atitudes corretas em e para nossas famílias – fornecidas por um Deus amoroso, zeloso, que tudo sabe!". (Evelyn Christenson, no Capítulo final do livro "O que Acontece quando Oramos por nossas Famílias". Tradução de Wanda de Assumpção. Editora Mundo Cristão).

4) DEVEMOS RECORRER À PRECE PARA OBTER A CURA, A PAZ, A CONFIANÇA E A SAÚDE: *"A prece é o recurso que é dado aos seres humanos para conversar com Deus e pedir a solução de seus problemas, a ajuda para a cura dos seus males. Através da oração, os seres humanos se aproximam do Criador e, como filhos, participam da suprema fonte de harmonia do Universo,*

realidade que promove a ação curativa dentro de cada um, capaz de estabelecer a paz, a confiança e a saúde, indispensáveis à vida". (Dr. Roberto Brólio, no Capítulo XIV: Curas Espirituais - A Cura pela Prece - , do livro "Doenças da Alma", Edição FE).

5) DEVEMOS ORAR COM FÉ E PERSISTÊNCIA: *"Para bem orar, pedindo a Deus uma graça, é preciso, além de fé, persistência na súplica. Insistir até ter satisfeita a necessidade em questão é o que faz com que os pedidos de uma oração cheguem a Deus. Se temos a certeza de que uma prece tudo pode nos trazer, perseverar na oração é uma atitude que demonstra apenas a espera confiante, com a certeza de que as modificações acontecerão".* (Celina Fioravanti, no Capítulo "Recursos terapêuticos para a Alma: PRECES", do livro "Religação: Uma Terapia para a Cura da Alma". Editora Pensamento, São Paulo, 1997).

6) USAMOS A FORÇA DO PENSAMENTO NO ATO DE ORAR: *"Vou concentrar-me em pensar e orar. São duas das maiores forças que Deus onipotente tornou possível aos seres humanos usar. A meu ver, são dois lados de uma só coisa, pois orar é uma forma de pensar: é pensar em*

profundidade, pensar em altura. Realmente acredito que pensando e orando se pode suportar, modificar ou superar qualquer coisa que se tenha de enfrentar na vida". (Norman Vincent Peale, na "Introdução" do livro "Minhas Orações Favoritas". Tradução de Sieni Maria Campos. Editora EDIOURO, Rio de Janeiro, 1995).

7) DEVEMOS USAR A PRECE PARA OBTER A CURA, RESOLVER PROBLEMAS, ACALMAR E DESPERTAR A SABEDORIA: *"A oração é de fato uma terapia. Ao rezar, você se envolve num processo psíquico de cura e exercita a habilidade de resolver problemas com sua sabedoria interior. Você também programa sua mente para procurar soluções positivas, acalmar-se, e reagir aos fatos da vida de maneira sábia, em vez de reagir com exagero diante de qualquer situação".* (Terry Lynn Taylor, no Capítulo "Desperte a Sua Voz", do livro "A Alquimia da Oração". Tradução de Suzana Riedel. Editora Pensamento, São Paulo, 1996).

8) A PRECE PROMOVE UMA TRANSFORMAÇÃO MORAL, MAS SUA ATUAÇÃO DEPENDE DA QUALIDADE, DA INTENSIDADE E DA FREQÜÊNCIA: *"Aquele que implora a cura de uma doença orgânica pode continuar doente, mas*

sofre uma profunda e inexplicável transformação moral". (...) "A maneira como a oração atua sobre o espírito e sobre o corpo parece depender da sua qualidade, da sua intensidade e da sua freqüência". (...) A maneira como vive aquele que ora pode nos esclarecer acerca da qualidade das invocações que ele dirige a Deus". (Dr. Alexis Carrel, no livro "A Oração: Seu Poder e Efeitos". Editora TEXTONOVO, São Paulo, 1999).

9) PODEMOS ATUAR COMO INTERCESSORES ATRAVÉS DAS PRECES: *"A oração cria intercessores. A oração produz no homem a preocupação pelo próximo, coloca-o na posição de intercessor; a oração é um excelente instrumento para intermediarmos, rogarmos por alguém junto a Deus".* (Cristina Marques, no Capítulo "A Importância da Oração", do livro "Orações para Todos os Momentos". Editora EKO, Blumenau –SC-, 1999).

10) DEVEMOS ORAR COM FÉ: *"Saber que Deus deseja manter comunhão conosco nos encoraja a orar. Mas há um elemento necessário à oração que Deus precisa encontrar em nós para que nossas orações sejam respondidas. Esse elemento é a nossa fé. Fé é crença, confiança,*

dependência e ousadia". (Cynthia Heald, no Capítulo "Orando com Fé", do livro "Tornando-se uma Mulher de Oração". Tradução de Priscila de Assumpção Scripnic. Editora United Press. Campinas –SP-, 2000).

11) PODEMOS ENCONTRAR NAS PESQUISAS MÉDICAS E CIENTÍFICAS A CONFIRMAÇÃO PARA O PODER DA PRECE: *"Há mais de vinte anos, pesquisadores iniciaram uma experiência para tentar verificar se a oração possuía alguma eficácia. Um determinado número de pacientes em estado grave em hospitais foi dividido em grupos, alguns passando a receber preces e outros não. Em todos os casos, o melhor tratamento médico continuava a ser ministrado, mas logo se tornou evidente que o grupo que recebia as orações parecia se recuperar melhor. Esse resultado foi ainda mais surpreendente quando se descobriu que a pessoa que fazia as preces não precisava conhecer o paciente pessoalmente ou sequer saber seu nome. Mas, somente em 1998, uma equipe da Universidade Duke provou a todos os céticos que a prece realmente tinha tal poder. (...)".* (Deepak Chopra, no Capítulo "Alcançando o Que Você Deseja", do livro "Como Conhecer Deus". Tradução de Geni Hirata. Editora ROCCO, Rio de

Janeiro, 2001).

12) PODEMOS ALIAR A MEDITAÇÃO E A CONTEMPLAÇÃO À ORAÇÃO: *"Tive a oportunidade de ir a Lourdes, na França, e a Jerusalém. E ao rezar com seguidores das várias religiões, nesses lugares, às vezes em meditação silenciosa, vivi uma autêntica experiência espiritual. (...) Creio que se a oração, a meditação e a contemplação – mais discursiva e analítica – se fundirem, o efeito no coração e na mente do praticante será tanto maior. Um dos propósitos maiores da prática religiosa, para o indivíduo, é a passagem de um estado de espírito indisciplinado, indomado e disperso a um estado de mente disciplinada, domada e equilibrada".* (ODALAILAMA, no Capítulo "Um Desejo de Harmonia", do Livro "ODALAILAMA Fala de Jesus". Tradução de Alayde Mutzenbecher. FISUS Editora, Rio de Janeiro, 2000).

13) PODEMOS PURIFICAR O CORAÇÃO ATRAVÉS DA PRECE: *"Devemos amar-nos uns aos outros como Deus ama a cada um de nós. Para ser capaz de amar é preciso um coração limpo. É a prece que nos dá um coração limpo. O fruto da prece é o aprofundamento da fé e o fruto da fé é*

o amor. O fruto do amor é o serviço, ou seja, a compaixão em ação." (Madre Teresa – Prêmio Nobel da Paz em 1979-, no Capítulo 10 do livro "Pontes para o Céu", de Jonathan Robinson. Tradução de Adelaide Petters Lessa. Editora Pensamento, São Paulo, 1996).

LEITURA COMPLEMENTAR SUGERIDA: Na INTERNET, no recurso de Busca, usar a palavra "Prece" para obter milhares de itens disponíveis.

15 – Oração da Sabedoria

Existe uma prece, elaborada por um autor desconhecido, que é muito primorosa, por reunir os principais anseios de uma pessoa cristã ou espírita. Por isso, devemos mantê-la sempre na mente.

Essa prece contém pedidos tão sábios a Deus, como pode ser abaixo constatado, que ela é conhecida como "Oração da Sabedoria".

Senhor,
Dá-me a esperança de vencer as minhas ilusões, todas.
Plantai em meu coração a sementeira do amor.
Ajuda-me a fazer feliz o maior número possível

de pessoas, para ampliar seus dias risonhos e resumir as noites tristonhas.

Transforma meus rivais em companheiros; meus companheiros em amigos; e meus amigos em entes queridos.

Não me deixeis ser cordeiro perante os fortes e nem um leão diante dos fracos.

Dá-me o sabor de saber perdoar e afastai de mim o desejo de vingança.

Iluminai meus olhos para que eu veja os defeitos de minha alma e vendai-os para que eu não comente os defeitos alheios.

Levai de mim a tristeza e não a deixeis entrar em mais ninguém.

Enchei meu coração com a divina fé, para sempre louvar o vosso nome.

Arrancai de mim o orgulho e a presunção.

Deus, fazei de mim um homem realmente bom e justo.

MENSAGEM ESPIRITUAL: Que tenhamos a sabedoria de pôr em prática todas essas virtudes solicitadas a Deus!

16 – Oração pedindo Forças, Coragem e Sabedoria

Certas preces tornaram-se famosas pela concisão, simplicidade e nobreza dos pedidos formulados a Deus.

Este é o caso da prece abaixo apresentada, atribuída, de modo incerto, a dois autores: tanto a um certo Almirante Hart, quanto ao teólogo Reinhold Niebhur:

Senhor,

Dai-nos forças
Para aceitar com serenidade
Tudo o que não possa ser mudado.

Dai-nos coragem
Para mudar o que pode
E deve ser mudado.

E dai-nos sabedoria
Para distinguir
Uma coisa da outra.

MENSAGEM ESPIRITUAL: Que saibamos conciliar bem a prática dessas três atitudes muito importantes, perante as mais diversas circunstâncias, com as quais nos deparamos na vida!

17 – A Opção pela Prece

O texto abaixo apresentado é atribuído ao famoso Charles Chaplin. Ele nos evidencia quantas escolhas ruins ou boas nós podemos fazer num simples dia, a saber:

"É minha função escolher que tipo de dia vou ter hoje.

Posso reclamar porque está chovendo ou agradecer as águas por lavarem a poluição.

Posso ficar triste por não ter dinheiro ou me sentir encorajado para administrar as minhas finanças evitando desperdício.

Posso reclamar sobre a minha saúde ou dar graças por estar vivo.

Posso me queixar dos meus pais por não terem me dado tudo o que eu queria ou posso ser grato por ter nascido.

Posso reclamar por ter que ir trabalhar ou agradecer por ter um trabalho.

Posso sentir tédio com as tarefas da casa ou agradecer a Deus por ter um teto para morar.

Posso lamentar as decepções com amigos ou me entusiasmar com a possibilidade de fazer novas amizades.

Se as coisas não saíram como planejei, posso ficar feliz por ter hoje para recomeçar.

O dia está na minha frente esperando para ser o que eu quiser.

E aqui estou eu, escultor que pode dar forma. Tudo depende de mim."

MENSAGEM ESPIRITUAL: Essas importantes reflexões sobre as atitudes boas ou ruins que podemos adotar num simples dia, nós as podemos transportar para o ato de orar.

Podemos ficar reclamando dos problemas, da enfermidade, da solidão, da aflição ou da ansiedade ou podemos fazer uma prece a Deus pedindo coragem, idéias e inspirações para que encontremos rapidamente a solução adequada para todas essas situações difíceis.

Podemos manter o ódio e o desejo de vingança no coração ou podemos fazer uma prece em favor de nossos inimigos, libertando-nos dos fatos constrangedores que nos foram impostos.

Podemos ficar remoendo os erros do passado sofrendo de remorso ou de arrependimento ou podemos fazer uma prece a Deus pedindo perdão pelas nossas faltas para seguirmos construindo um futuro mais feliz.

Podemos ficar revoltados com as complicações que nos deparamos na vida em família ou podemos fazer uma prece a Deus para agradecer por possuir um lar e familiares queridos e para que nos fortaleça em virtudes para que consigamos melhorar as nossas condições de vida no lar.

Podemos manter insatisfação pela complexidade da vida material e das condutas humanas ou orar a Deus pedindo discernimento e entendimento sobre as Suas Leis e a Obra da Criação e disposição íntima para melhorar a vida na Sociedade.

E assim por diante...

Dessa forma, nós temos a prece à nossa disposição. Podemos ficar queixando, sofrendo ou revoltados com as diversas circunstâncias ruins com que nos deparamos na vida, ou podemos simplesmente, ante as mesmas, elevar o pensamento a Deus para pedir, agradecer ou mesmo louvar. A escolha é sempre nossa.

Portanto, que saibamos optar por recorrer aos valiosos recursos da prece, os quais já aprendemos nos capítulos precedentes. Assim, certamente, faremos a opção certa, no momento certo, mudando para melhor o cenário que se nos apresenta, e passando a desfrutar dos benefícios da nossa boa escolha.

18 – Oração e Ação

Nesta antologia sobre a prece, descobrimos que ela deve estar aliada às boas obras, para que tenhamos méritos espirituais que nos permitam obter recompensas e pronto atendimento aos nossos anseios. Além disso, aprendemos que "só seremos ajudados, se tivermos ajudado a nós mesmos", através das boas atitudes e ações.

Nesse sentido, julgamos oportunas as recomendações abaixo apresentadas, que foram compostas a partir de textos extraídos de diversos livros espíritas que nos ensinam a aliar a oração à ação, visando a conquista dos méritos espirituais que podem nos beneficiar:

· Converse com Deus, através da prece, mas não se esqueça de se apresentar perante o Pai Eterno com a consciência em paz, o coração livre de ressentimentos e com o mérito das boas obras realizadas.

· Enfrente os momentos de dificuldades, aflições ou enfermidades com confiança em Deus e fazendo a Ele preces de socorro, mas não fique de braços cruzados esperando por soluções milagrosas para superá-las.

· Peça aos bons Espíritos sugestões, idéias e inspirações nobres, mas não deixe de materializá-las em seus campos de atuação.

· Ore pedindo ajuda de Deus para os pobres e os oprimidos, mas não deixe de lhes levar o agasalho, o pão e o consolo, praticando a caridade material e moral.

· Pratique o amor, a justiça, o bem e a caridade e aja sempre com nobreza espiritual e moral em todas as ocasiões da vida, porque quando você estiver perante Deus, através da prece, a sua mente estará sendo lida, o padrão de seus pensamentos estará sendo avaliado, os seus méritos estarão sendo analisados, os seus atos ocultos estarão sendo desvendados e o seu mundo íntimo estará sendo perscrutado revelando os seus verdadeiros sentimentos e as suas reais intenções.

· A oração lhe dará forças poderosas no mundo íntimo, mas se você não as empregar nas lutas evolutivas, nas atividades dignas, no trabalho edificante, no estudo enobrecedor, no cumprimento de suas responsabilidades e no bom uso de suas faculdades, elas serão semelhantes a pilhas elétricas numa prateleira.

· Não tenha receio de revelar a Deus os seus erros cometidos para pedir perdão por eles, mas não se esqueça de, antes de orar, perdoar sinceramente as faltas que alguém cometeu contra você, porque é perdoando que seremos perdoados.

· Basta pedir, que Deus lhe dará entendimento, paciência, fé, humildade, coragem, alegria e esperança, mas não deixe de usar esses recursos valiosos para passar nas provas que enfrentar na família, no trabalho e na vida social.

· Faça uma prece em benefício dos criminosos, internados em hospitais e asilos, abandonados pelos familiares e desequilibrados da mente, dos sentimentos e das emoções, mas não deixe de ajudar as instituições beneficentes que os apoiam amenizando suas condições dolorosas.

· Reze pelo bem estar material e espiritual de seus filhos, mas não deixe de dar a eles educação e bons exemplos de vida.

· Ore pela vitória do Bem, mas pratique o amor,

a caridade, a justiça, a honestidade e a idoneidade com todos, porque estas são as armas para aquela vitória.

· Declare-se um forte aliado de Deus e dos bons Espíritos, mas não deixe de distribuir bênçãos materiais e espirituais aos semelhantes, sendo um agente e representante deles na Terra.

· Implore pela saúde do corpo material, mas não descuide das medidas profiláticas, nem caia nos vícios, excessos, abusos ou crimes.

· Peça a Deus o sucesso material, mas trabalhe bastante para obtê-lo, consciente dos efeitos nefastos da preguiça, ociosidade, ignorância e desânimo.

· Rogue a Deus pela sua felicidade no presente e no futuro, mas liberte-se das recordações amargas, do remorso e dos arrependimentos doentios.

· Ore pelos Espíritos de seus entes queridos desencarnados, mas não os perturbe com a sua revolta contra as Leis, a saudade doentia, as lembranças tristes e os seus desequilíbrios íntimos.

· Clame pelo bem-estar das criancinhas abandonadas e dos jovens delinqüentes, mas participe ativamente nas instituições que os tiram da via pública, da ignorância, da pobreza e dos prazeres viciosos.

· Implore pela harmonia e pela felicidade de seu lar, mas pratique as virtudes no reduto doméstico, melhorando as formas de convivência e de relacionamento.

· Agradeça a Deus a concessão do tempo valioso para o seu progresso material e espiritual, mas não desperdice um minuto sequer praticando agressões, atos de imprudência e invigilância.

· Eleve o seu pensamento a Deus para pedir oportunidades de aprimoramento das suas faculdades, mas use-as efetivamente na expansão do bem, da justiça e da verdade para fazê-las triunfar.

· Solicite do Criador de todas as coisas os recursos que você precisa para satisfazer as suas necessidades materiais, bem como as de seus familiares queridos, mas elimine antes quaisquer desperdícios ou gastos que satisfaçam apenas o seu egoísmo ou vícios.

· Rogue a Deus os recursos financeiros que melhoram as condições de vida suas, de seus familiares e da sociedade, mas use-os com prudência e sabedoria para não comprometer a paz na consciência e a vida futura.

· Suplique o socorro de Deus e dos bons Espíritos na solução de seus problemas financeiros, mas parta imediatamente na busca da capacitação pessoal que vai permitir-lhe conquistar os recursos e as condições que vão solucionar definitivamente aqueles problemas.

· Clame a Deus pelos tesouros materiais, mas não deixe de acumular os tesouros espirituais que garantem a felicidade tanto no presente quanto no futuro.

· Peça a Deus a fé na imortalidade da alma, mas não deixe de melhorar seus sentimentos, usar bem a vontade e o livre-arbítrio e vencer as próprias imperfeições e deficiências morais para ter méritos e condições felizes, quando constatá-la pessoalmente.

· Rogue a Deus a proteção dos bons Espíritos contra os Espíritos maus e obsessores, mas mantenha-se afastado dos maus hábitos, dos vícios, dos deslizes morais e da criminalidade.

· Implore a Deus a assistência dos Benfeitores Espirituais no desenvolvimento de sua mediunidade, mas realize boas obras com ela em benefício dos semelhantes, através da mediunidade curadora, da psicografia ou da psicofonia para aprimorá-las cada vez mais.

MENSAGEM ESPIRITUAL: Toda prece para ser atendida precisa das ações de Deus, dos bons Espíritos e de nós mesmos, porque nada se realiza por si só.

Assim, não basta pedirmos através da prece.

Nós precisamos pôr em prática as boas ações que tornam realidade tudo o que desejamos. Por sinal, já aprendemos neste estudo, que as boas obras são as formas verdadeiras de glorificarmos a Deus e de beneficiarmos a nós mesmos e aos semelhantes.

Portanto, realizando as boas ações, principalmente visando o progresso de todos, conquistamos valiosos méritos que nos permitem atingir com mais rapidez os nossos anseios de evolução material e espiritual.

Sobre o Autor

(*) Geziel Andrade

Geziel Andrade é autor dos seguintes livros editados pela Editora EME:
· Doenças, Cura e Saúde à Luz do Espiritismo.
· Capital e Trabalho à Luz do Espiritismo.
· Depois Desta Vida: Experiências e Casos Vividos Pós Morte.
· Sexo Sem Mistério, Sem Preconceitos e Com Equilíbrio.
· Equilíbrio Íntimo pelo Espiritismo.
· A Trajetória do Espiritismo.
· Amor e Vida em Família: Antologia Espírita e Popular.
· Terapêutica Espírita.

· Agenda Emmanuel.

É co-autor com Ariovaldo Cavarzan, dos seguintes livros:
· Regresso: O retorno à vida espiritual segundo o Espiritismo.
· Espiritismo e Vida Eterna: O momento da desencarnação nas mensagens de Chico Xavier.
· Manual e Dicionário Básico de Espiritismo.

Endereço para correspondência:
Rua Batatais, 484 – Marambaia
VINHEDO - SP – CEP 13280-000
E-mail: www.gezielandrad@ig.com.br

DO MESMO AUTOR
Você precisa conhecer

DOENÇAS, CURA E SAÚDE À LUZ DO ESPIRITISMO
Dissertações sobre doenças, cura, saúde
130 p. 13x18cm

Livro com orientações sobre: Os corpos espiritual e físico e as doenças; Doenças originárias do corpo espiritual; Características e poderes do perispírito para originar doenças; O perispírito e a organização biológica etc.

EQUILÍBRIO ÍNTIMO PELO ESPIRITISMO
Auto-Ajuda
152 p. 14x21cm

O autor buscou o embasamento desta obra em Jesus, Kardec, Léon Denis e dos bons Espíritos. Orienta como superar os vícios preservando a saúde espiritual e física. Comenta sobre o valor das virtudes e da serenidade diante da morte.

DO MESMO AUTOR
Você precisa conhecer

AMOR E VIDA EM FAMÍLIA
Meditação/Auto ajuda - 176 p. 10x14cm

Desejando tratar da família desde seus mais corriqueiros problemas até sua mais sublime finalidade, este livro, que foi todo elaborado com base numa extensa bibliografia espírita e popular, é um manifesto em prol do amor cristão. Sua fonte é a crença de que a única mensagem válida é a mensagem do amor vivido, pois quem ama serve, compreende, perdoa e constrói uma convivência mais fraterna e benéfica para todos. Se o amor é a lição maior para a transformação do homem, a família é sua escola.

TERAPÊUTICA ESPÍRITA
Orientação, Prece, Mediunidade curadora, Imposição das mãos, Água fluidificada, Desobsessão - 216 p. 14x21cm

Neste livro, Geziel Andrade aborda de uma forma direta, didática, simples e clara todo o contexto da Terapêutica Espírita que envolve as orientações doutrinárias e evangélicas, a prece, a mediunidade curadora, a imposição das mãos e a desobsessão. O leitor vai descortinar passo-a-passo os segredos das curas espirituais, desvendados pelo Espiritismo.

OS MAIS LIDOS

Getúlio Vargas em dois mundos
Wanda A. Canutti (Espírito Eça de Queirós)
Biografia romanceada vivida em dois mundos
•300 p. - 14x21 cm

Uma obra que percorre importantes e polêmicos fatos da História, da época em que Vargas foi presidente do Brasil. Descreve também, seu retorno ao plano espiritual pelas portas do suicídio.

• O Evangelho Segundo o Espiritismo
Tradução Matheus Rodrigues de Camargo, revisão de Celso Martins e Hilda F. Nami • 352 p. – 13,5 x 18,5 cm

Os Espíritos do Senhor, que são as virtudes dos céus, como um imenso exército que se movimenta, ao receber a ordem de comando, espalham-se sobre toda a face da Terra. (...)
O Espírito de Verdade

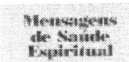

• Mensagens de Saúde Espiritual
Wilson Garcia e Diversos Autores
Meditação e auto ajuda - 124 p. – 10 x 14 cm

A leitura (e releitura) ajuda muito na sustentação do nível vibratório elevado. Abençoadas mensagens! Toda pessoa, sã ou enferma, do corpo ou da alma, devia ter esse livreto luminoso à cabeceira e ler uma mensagem por noite.
Jorge Rizzini

Não encontrando os livros da EME na livraria de sua preferência, solicite o endereço de nosso distribuidor mais próximo de você através do Fone/Fax: (0xx19) 3491-7000 / 3491-5603.
E-mail: editoraeme@editoraeme.com.br – Site: www.editoraeme.com.br

Fale conosco!!!

Queremos saber sua opinião sobre o livro "Preces & Mensagens Espirituais". Você pode também mandar sua sugestão ou até mesmo sua crítica.

_____
_____
_____
_____
_____
_____
_____
_____
_____
_____
_____
_____
_____
_____
_____
_____
_____
_____
_____

Receba em seu endereço, gratuitamente, a Revista de Livros EME, o Jornal Leitor EME, prospectos, notícias dos lançamentos e marca-páginas com mensagens, preenchendo o formulário abaixo e mandando-nos através de:

Carta: Cx. Postal, 1820 - 13360-000 - Capivari-SP
Fone/fax: (0xx19) 3491-7000 / 3491-5603,
Site: www.editoraeme.com.br - e-mail: editoraeme@editoraeme.com.br

NOME:_____
ENDEREÇO:_____
CIDADE/EST./CEP:_____
FONE/FAX:_____
E-MAIL:_____